强京东

管理模式
的进化

李纯青
张文明
编著

中国人民大学出版社
·北京·

正如我们所看到的那样，京东作为一家有 20 多年发展历史的成功的电子商务企业，已经深深融入我们的日常生活。京东物流、京东无人超市、"6·18"购物节在被消费者广泛讨论的同时，也不断地引起学术界的关注。不难发现，京东作为一家频繁出现在大众视野里的明星企业，其经营过程中所展现的商业智慧与战略布局蕴藏了巨大的研究价值。作为京东的用户之一，同时作为管理学科的研究者，发现与总结此类现实问题，结合理论展开分析，为学术研究与企业实践带来更多有价值的借鉴与思考，并应用于管理学教学实践，是我组织编写本书的初衷。

管理是基于实践的学科，广泛的企业实践和现实案例都将成为管理学理论成长的土壤，并为相关研究的进展与突破带来源源不断的养分。作为管理学研究者，我们明白教学案例的开发与案例教学对于管理学发展的重要意义，也明白一个优秀的企业案例将给读者带来何种巨大的价值。因此我们格外珍惜这次编写京东系列案例的宝贵机会，并真诚感谢京东与出版社的支持与配合。

在对京东经营实践不断深入了解的过程中，京东独具特色的管理智慧与创新商业模式的改革魄力影响了我看待企业的视角与态度，正如书名"强京东：管理模式的进化"所道，京东正是凭借着锐意进取的战略思维，在当前瞬息万变的市场与技术背景下，不断攻坚克难，面对挑战，用颠覆传统模式的方法与勇气实现变革，并越做越强。

本书以京东近年来的发展实践为基础，通过战略与创新、组织、营销三个维度，紧扣实际，结合理论，较为系统全面地分析了京东在管理经营上具有研究价值的经典案例。同时十分注重教学应用上的效果，希望通过生动简洁的行文风格，全面清晰的理论介绍与合理的教学设计带动学生思考，实现教学目的。

本书凝聚了西北大学多位教师及 2016 级工商管理专业学生的智慧，融入了他们对京东管理实践的全面理解与独特思考。在此，我对为本书顺利出版付出巨大努力的参编者表达由衷的感谢。同时，我也真诚地希望本书的出版能够为读者带来独特的价值。

本书各章涉及的案例，均由参编者撰写了详尽的使用说明，供读者教学、研究参考，请扫描以下二维码获取：

目 录

第一篇　战略与创新

第三篇　营销

第一篇

战略与创新

第 1 章

志同道合方为谋：
京东的战略联盟之路 ①

2018 年 3 月，又是一年春茶开茶时。西湖龙井山园绿意盎然，清幽的茶香弥漫在空气中，给人以祥和宁静之感。京东创始人刘强东沉浸在刚刚结束的"西湖龙井茶炒茶王大赛"的热闹场景中，思绪万千。京东与西湖龙井茶商、农户签订了战略直供协议，这样消费者就可以借助京东物联网技术和大数据技术，监督茶叶的采摘、晾晒、炒制、包装、运送等全过程，使京东的茶叶保真直供流程服务"看得见、闻得到"。在刘强东看来，这对京东而言是战略联盟活动的新进展。之前，京东已经通过"京腾计划"等多个项目与腾讯、百度、奇虎 360 等巨头公司联手，合作共建电商平台；如今，这个合作平台将吸引包括西湖龙井茶商在内的更多商家，形成更为包容的电子商务"英雄联盟"。刘强东始终认为，一定要有开放共赢的心态，公司才能在这急剧变化的时代生存发展。

---

① 本案例由西北大学经济管理学院张宸璐、李纯青（通讯作者）、张洁、谭乐撰写。由于企业保密的要求，在本案例中对有关名称、数据等做了必要处理，后同。

① 京东和它的"英雄联盟"

2014年5月22日当地时间9点30分，一阵洪亮的钟声响起，刘强东一手创办的京东在纳斯达克正式上市，融资31亿美元，上市当天市值达286亿美元。有人评价说，刘强东之所以能成功，在于很能吃苦，"在刀锋一般薄的利润下，还能活下来，这是他过去经历带来的价值"。刘强东自己也感慨万分，"京东英雄传"不仅有一众兄弟一路走来，与企业共同成长的激动与喜悦，也有面对外界质疑与突破瓶颈前的彷徨与焦虑，还有处处碰壁时的尴尬与窘迫。

1.1 京东的"初心"

1998年，刘强东拿着1.2万元积蓄赶赴中关村，租了一个小柜台，售卖刻录机和光碟。柜台名叫"京东多媒体"，这便是"京东商城"的前身。到2001年，京东商城已成为当时中国最大的光磁产品代理商，在全国各地开设了十多家分公司。刘强东的个人财富也首次突破了1 000万元。

从那时起，刘强东把京东商城定位为传统渠道商，打算复制国美、苏宁的商业模式经营IT连锁店。就在他兴致勃勃准备扩张的时候，2003年"非典"来袭，生意一落千丈。刘强东听说有人在互联网上卖东西，就四处打听，想要参与进来。当时连BBS是什么都不懂的刘强东，为了推销自己的网上商铺，到处在论坛发"广告贴"，终于一家论坛的创办人回复了他的帖子——"京东我知道，这是唯一一家我在中关村买了三年光盘没有买到假货的公司。"因为这句话，当天刘强东就成交了六笔生意。"非典"疫情结束后，2004年1月1日，京东多媒体网站正式上线，京东开始涉足电子商务领域。

京东多年来一直做和零售相关的业务，以电商为中心点，不断扩展生意边界。刘强东说："京东的由来其实非常简单，无非是借助互联网，以新的消费需求为导向，不断作出突破性的商业模式创新，重构供应链系统，达到降低成本、提升效率的目的，最终为消费者创造价值，其遵循的仍然是零售行业的本质规律。京东的发展壮大，从未离开这个本质，未来也必须围绕这个本质。"

1.2 "旧"京东发展之"痛"

2007年，京东获得第一笔融资，由此进入发展的快车道，也是在这一年，京东多媒体正式更名为京东商城。刘强东已不满足于只做一家销售IT产品的电商网站，他坚定不移地扩张着自己的疆域。风险资本给刘强东打开了新世界的大门，同时也对京东提出了要求。2007—2010年，京东完成从家电到日用百货再到图书等品类的布局，并确立仓储配送一体化的物流战略，完成开发全国市场的布局。从零售做起的刘强东，十分重视规模效益，在很长一段时间里，他宁愿用亏本换取更多的品类、更快的物流以及更大的规模。那几年，京东每年的销售额是上一年的大约三倍，但一直陷在缺钱的窘境里，几乎每年都要融资。

更让人担心的是，当京东高效、低成本的运营链条迅速延伸时，不可避免地与传统零售体系发生碰撞，影响了很多人的饭碗，被视为不受欢迎的"搅局者"。刘强东却不以为然，坚信"消费者满意才是我们存在的价值"。随着京东市场开拓程度的逐步加深，越来越多的上游厂商开始认识到，电商为他们提供了高效、快速、低成本的销售平台和基于大量消费数据分析的精准营销平台。信任是合作的基础，很多厂商逐渐把京东这样的电商作为自己的主流渠道。

战略联盟（strategic alliance）是一种合作战略，企业间通过该战略组合其资源产能，形成合作优势或关联优势（collaborative or relational advantage）。企业不仅通过战略联盟互换或共享资源和产能，而且通过与其他企业的合作，发展额外的资源和产能，以形成新竞争优势的基础。当前，我国网上零售市场正处于成熟期，但国内电商行业发展在战略布局、商业模式、技术手段等方面发生了重大变化。消费者购买模式发生巨大变化，数字化、个性化、场景多元化和社交化是近几年凸显的四大消费特征，新数字化和新消费时代悄然来临。京东在面对市场上越发激烈的竞争环境时，逐渐认识到未来发展的机遇与挑战，构建战略联盟成为一种必然选择。

❷ 京腾计划的起源与发展

2014 年 3 月 10 日上午 9 点半，刘强东不像往日那样待在位于北京经济技术开发区的京东总部大楼办公室，而是出现在深圳腾讯会议室。他信步登台，自信满满地发表演讲："今天是一个特别的日子，非常高兴与大家初次见面，腾讯是一家非常伟大的公司，是中国最成功的一家互联网公司。在取得了这么多成功后，依然充满活力，充满创新，依然保持高速增长！"刘强东停顿了一下，环顾四周后继续讲道："但是，我想说的是，终有一天，中国最大的互联网企业是京东，中国最大的民营企业是京东！"最后这一句话铿锵有力，犹如重磅炸弹，舆论哗然。传闻已久的腾讯电商和京东合并终于落地。

由此，中国电商界风起云涌，暗潮涌动。在众多看客中，对这一改变中国电商格局的合并案最感到欣慰的莫过于京东投资人、高瓴资本创始人兼首席执行官张磊。在张磊看来，腾讯电商和京东的"联姻"是时势所趋。事实上，也正是他这一"媒人"促成了这一天合之作。2011年，张磊就开始为双方牵线搭桥。但最初的两年，腾讯还认为自己可以继续在电商领域有所建树，也没有以投资合纵连横的思想理念，而京东正不断扩张，有时腹背受敌，也没有合作的强烈需求。但很快，张磊就找到了让双方相互"动心"的关键点，如图1-1所示。

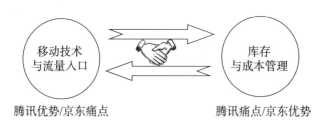

图1-1　腾讯与京东资源优势互补图

在京东看来，迫切需要借助社会化电商的东风，紧紧把握移动电商这一趋势，而腾讯却占据了微信、手机QQ两大移动端流量入口，倘若双方合作，可以刺激平台的交易量，加速京东第三方物流业务的发展，这对京东是一个很好的机会（如图1-2所示）。而在腾讯看来，自己虽然发展全面、管理优秀，但一直是在做虚拟产品业务，随着旗下易迅网逐渐发展，物流管理和仓库盘点将是自己的发展瓶颈，倘若双方合作，就可以利用京东的自有物流配送体系。

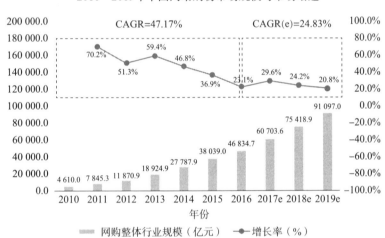

图1-2　2010—2019年中国网络购物市场规模与市场增速

资料来源：国家统计局；根据艾瑞统计模型核算.

就这样，在张磊的"撮合"下，中国互联网最大的一笔并购案完成了。"京东2014年第四季度移动订单占比攀升至36%，同比增幅高达372%。如果没有微信和QQ，京东移动端占比能这么高吗？腾讯在这笔投资里净赚70亿美元，最重要的是精力更集中了，精力集中了又转化成70亿美元的利润，这不是天大的好事吗？"张磊得意地分析，"这是中国互联网史上少有的双方共赢的大案例。"随着交往的日益加深，腾讯和京东的"联姻"越来越紧密，合作模式逐渐多样化，演化成不同深度的三代"京腾模式"。

2.1 初次邂逅，相得益彰：第一代京腾计划

随着京东与腾讯宣布建立战略合作伙伴关系，京东收购了腾讯 B2C 平台 QQ 网购和 C2C 平台拍拍网的 100% 权益、物流人员和资产，以及易迅网的少数股权和购买易迅网剩余股权的权利。在人员管理上，京东承诺不辞退易迅网的员工，考虑到腾讯员工福利比较好，还承诺薪酬不低于原有水平。在高层方面，腾讯总裁刘炽平进入了京东董事会。腾讯则向京东提供微信和手机 QQ 客户端的一级入口位置及其他主要平台的支持。腾讯获得京东约 15% 的股份。另外，腾讯在京东进行首次公开募股时，以募股价认购京东额外 5% 的股份。腾讯不断增持京东股份的背后，是腾讯进一步看好与京东的合作。

2015 年 10 月 17 日，京东与腾讯共同宣布推出全新战略合作项目——京腾计划，双方将拿出最强资源和产品打造名为"品商"（Brand-Commerce）的创新模式生意平台，共同实现包括"精准画像""多维场景""品质体验"等在内的营销解决方案。表面上看，第一代京腾计划是为京东决战"双 11"提供炮火支援，为双方用户打造"曝光—电商—支付"的完整闭环购物体验，实际上，这是刘强东和马化腾对未来的一种共同设想和探索。刘强东设想，未来的购物会变成"所见即所得"，随着 3D 虚拟技术的发

展，人的意识和设备会高度融合，可以做到"所想即所得"，在场景需求和用户体验领域都达到全新的高度。譬如，当你想买一瓶酱油，可能 15 分钟酱油就送到家。马化腾也有着对新时代的憧憬："或许有一天系统能够智能感知到老刘喜欢收腰的衣服，穿零号西服。"

2.2 梅开二度，珠联璧合：第二代京腾计划

随着第一代京腾计划的顺利实施，2016 年 7 月 28 日，腾讯与京东又联合宣布第二代京腾计划。双方共同推出京腾魔方，这意味着用户在京东的一系列行为数据与相关交易数据都会沉淀为京东大数据，通过数据结构化形成直观可用的人群标签，然后基于腾讯大数据，多维度精准锁定目标人群，并通过人群拓展挖掘出更多与种子用户高相似度的人群，扩大目标受众规模。这将使广告主的洞察、执行及评估优化能力飞跃式提升。以 2016 年乐视第二代超级手机发售过程为例，京腾助力乐视选择微信朋友圈广告，通过大数据挖掘精准定向目标人群，吸引受众关注后形成 SNS 话题扩散，提升曝光质量，广告直达京东销售页面，打通转化闭环。10 分钟内 5 万份订单以及 15 天内 25 万份订单的傲人战绩创下乐视与京东首发的双重纪录。乐视集团副总裁胡伟曾表示："京腾计划帮助我们在营销策略层面从'广而告之'变为'选而告之'，继而精准投放到'乐而知之'的人群，此次乐 2 手机的销售实现了品牌关注度和预约销售转化的提升，堪称品效合一的大丰收！"根据双方规划，京腾计划在 2017 年"双 11"期间持续创新，为广告

主提供更专业的品牌洞察服务，准确掌握品牌用户画像；营销方案全面覆盖新品首发推广、成长期、成熟期，进行产品全链条生命周期管理，让产品多场景曝光，将产品的品牌推广和销量转化深度整合。这一计划还得到了苹果、微软、小米、宝洁、欧莱雅等知名品牌的支持。

2.3 琴瑟和鸣，志同道合：第三代京腾计划

随着第二代京腾计划的成功，第三代京腾计划呼之欲出，再一次引起了互联网电商与中国零售业的嬗变。消费者购买模式呈现数字化、个性化、场景多元化和社交化等特征，然而，线上线下大量机遇涌现，商家却难以及时、有效、有针对性地触达消费者。

为此，腾讯和京东再度联手，希望借助腾讯"零售行业数字化助手"的连接能力、数据及场景能力，以及京东边界融合和营销创新的能力，助力商家、平台及用户等实现多方价值共赢。2018年4月17日，第三代京腾计划营销解决方案及升级产品"京腾魔方+"推出。作为京腾魔方的升级版，京腾魔方+首创"PIAC"四大能力矩阵——P（private）即私有品牌资产、I（intelligent）即智能定向策略、A（all-round）即全面数据应用、C（customized）即定制数据分析，有效解决了品牌商遇到的四大核心痛点：数据使用效率低、营销场景未打通、品牌效果难衡量、数据无法沉淀利用。

与之前显著不同的是，新一代的京腾计划将利用腾讯的公众号、小程序、支付等工具以及京东的会员体系、供应链和物流、

金融系统全面打通线上线下的营销场景，实现数据、场景和链路的三大升级，助力品牌商线上线下协同完成品牌用户成长路径的追踪，实现精细化营销能力的全面提升。目前，已经有超过 300 家合作品牌加入，并保持了超过 50% 的复投率，数百亿次的品牌曝光覆盖近 100% 的中国互联网用户。例如，德芙通过京腾计划，在与知名游戏 IP 联合打造活动期间店铺关注人数月环比增速提高 245%，整体 ROI 对比历史活动提升 131%。如何准确挖掘新的高潜用户是戴森在中国品牌推广上遇到的瓶颈，通过京腾计划，戴森通过社交关系链拓展使加购行为提升 192%，购买行为提升 242%。保守数据表明，近两年京腾计划合作总项目数量至少达到 409 个，复投项目数达 250 个，复投率 61%，帮助广告主实现了百亿级别的销量。

2.4 小结

从第一代到第三代，京腾计划实现了质的飞跃。作为京东和腾讯面向零售行业提供的完整方案，落地在营销上的京腾计划是最早也是最佳的实践。京东和腾讯合作成功的关键，归根结底在于双方战略理念和目标的一致。"京东从零售渠道变成消费者洞察平台，合作更多门店，打破边界，抱着开放和融合的心态，才能真正实现多方价值的共赢。腾讯把人与人之间的墙拆掉，减少中间障碍，京东也是。京东电商购物也是需要拆墙的，拆掉人与货、货与场景之间的任何墙。"时任京东集团高级副总裁闫小兵在第三代京腾计划发布会上动情地说。腾讯公司董事会主席兼 CEO 马化腾在 2017 年 10 月末发表的《致合作伙伴的公开信》中直言，在新格局下，腾讯将把社交平台、内容平台与京东的交易体系全面打通，有望实现零售行业线上线下跨场景的智慧连接。这不但能大大提升消费体验，而且将真正赋能商家。"它的创新意义将远远超出流量导入的概念。"时任京东集团 CMO 徐雷表示："面向未来零售，京东和腾讯将携手为行业打通数据、场景和价值，带动零售行业的演化。作为创新营销的火车头和实践者，京腾计划的升级代表着零售营销边界的打破，带来未来零售无界、融合的创新模式。在未来，京东和腾讯可以跟整个零售业一起，构建一个拥有全新能力、数字化的新运营体系。打通整个零售行业的数据、场景和价值，共同打造未来的零售。"

京东和腾讯的合作就是在风起云涌的电子商战中，秉承着共同的理念，一同做大、做新、做永恒，形成精诚的战略联盟关系。

❸ "英雄联盟"的建立

3.1 联盟初现，共生共赢

当人们还在感慨京腾计划的强大资源整合对中国电子商务市场的巨大影响之时，京东又于 2016 年 9 月 27 日与北京字节跳动科技有限公司（其广为人知的产品为今日头条）达成全面战略合作，共同推出"京条计划"，主要涵盖三个方面：一是京东在今日头条上开设一级购物入口"京东特卖"；二是基于今日头条大数据推荐能力实现精准广告投放；三是双方共同开展基于兴趣阅读的电商合作，通过导购、分佣等模式，帮助更多的头条号变现。相比京腾计划，京条计划更注重形成品效合一的全链路营销闭环，在个性化信息流场景内实现数据层面的合作，今日头条 5.5 亿用户背后恰恰是在阅读场景下电商发挥作用的重要阵地。

有了社交与阅读场景的成功，京东又于 2017 年 8 月 10 日与百度联合推出名为"京度计划"的战略合作框架。这一次，合作的目标锚定在"决胜 AI 时代"，也就是大数据的深度合作。对百度而言，AI 技术无疑是通往未来的船票。百度的用户画像数据和京东的购物车、订单等各层级电商数据，将产生 1+1 远大于 2 的数据能力。然而业内人士都知道，在互联网企业中，数据层面的合作始终如海市蜃楼，只听说过互联网企业间为数据对簿公堂的，鲜少见到深度打通的。刘强东说："我们跟每一家企业签约的时候都不会排他，我们的数据交换也一定是互相平等的。"京东之所以与百度在深入数据层面展开战略合作，与百度正在发力的内容生态和信息流广告以及 AI 技术优势密不可分。通过共享数据和 AI 技术，百度可以为京东赋能，京东则可以更好地服务用户。对百度而言，当前的核心战略是"夯实移动基础，决胜 AI 时代"。京度计划是百度开放 AI 赋能战略的一次重要举措，未来百度计划构建业内最完整最前沿的 AI 技术平台，赋能更多合作伙伴，创造更大的经济价值和社会价值。

当人们热烈讨论京东的战略联盟已经深度涵盖电商巨头 BAT（即百度、阿里巴巴和腾讯）中的两大家，纷纷猜测谁将成为京东联盟中下一个核心入口的时候，"京奇计划"浮出水面。2017年8月24日京东宣布与奇虎360达成全面战略合作。这一次，合作双方将共同打造赋能商家的全场景智能营销平台，为消费者提供更符合喜好和需求的消费资讯及良好的网购体验。双方数据打通，京东活跃电商用户的数据加上奇虎360覆盖线上线下的全场景用户行为链大数据，能为京东、京东的品牌合作伙伴、京东平台上的商家实现更精准的广告投放；同时，京东将京东号的内容输出到奇虎360众媒平台，在360手机卫士App、360浏览器、360手机助手等渠道里通过智能分发的内容营销方式，提升京东号作者的内容变现能力。另外，奇虎360的旗舰产品360手机卫士，也通过京东开普勒（JD Kepler）开放平台输出的选品、交易、技术、运营等电商能力，为京东开设了一级购物入口"京东特供"。

至此，京东的"英雄联盟"初步建立，这个联盟几乎覆盖中国所有的互联网人群。京东作为"英雄联盟"的发起者，实际上推进名为"京X计划"的策略。"从业务关系来看，腾讯、今日头条、百度等，对我们而言实质上就是媒体。"京东集团副总裁、市场营销部负责人门继鹏解释称，"在合作中，品牌商出钱购买媒体端口的广告，在京东达成实际交易，实质上就是把渠道打通，实现共赢。"

随后，京东以更多元化方式与各路英雄进行联盟合作。2018年3月27日，京东与新浪举行了"京浪计划"战略合作签约仪式，双方一致同意在数据、入口、产品、内容、商务等领域建立全面深入的战略合作伙伴关系，并在合同期间建立战略合作小组。

2018 年 5 月 11 日，唯品会宣布唯品国际与京东全球购在供应链和采买方面达成合作。2018 年 6 月 18 日，谷歌 5.5 亿美元入股京东，双方将展开战略合作；同日，京东第一架重型无人机正式下线。2018 年 7 月 12 日，京东金融宣布近期已与中金资本、中银投资、中信建投和中信资本等投资人签署具有约束力的增资协议计划，融资金额约为 130 亿元人民币，投后估值约 1 330 亿元人民币。2019 年 3 月，京东正式发布工业品战略：以寻源系统为基础，打造集商品数字化、供应链数字化和平台数字化为一体的数字化工业品，实现数据在产业链上下游和企业间无障碍流通，真正助力工业互联网落地。据了解，"工业品品牌联盟"共包括 17 个全球知名工业品品牌，覆盖了工业照明、搬运存储、中低压配电、个人防护、五金工具等几乎所有常见的工业品应用场景。通过此次工业品品牌联盟，京东的工业品将实现与各个品牌的互补。

3.2 人企无间，场景无限，货物无边

如今，越来越多的互联网企业将自己的资源、技术和能力开放给行业中的各个环节，而零售商势必通过数据、场景和价值的打通，实现人、货、场三方面的数字化转型。在动态复杂变化的商业环境下，京东认为要打破零售业态间的界限，改变旧的思维模式，寻找志同道合的合作伙伴"协同出海"。这就是"无界零售"，意味着价值链上下游的无缝对接，每个交易主体的深度协作，端到端供应链的全透明化。

京 X 计划只是京东一揽子行动的一个部分。2017 年 10 月 17

日，京东正式提出无界营销方法论。在当天举行的发布会上，京东集团副总裁、市场营销部负责人门继鹏宣布，京东将在营销板块推出京东超级品牌日、京东开普勒、东联计划、京 X 计划、市场朋友计划及京腾无界零售解决方案等六大产品。大力拓展"英雄联盟"的背后是京东集团战略的改变。刘强东力推"第四次零售革命"。他指出，下一个 10 年到 20 年，零售业将迎来第四次零售革命。这场革命改变的不是零售，而是零售的基础设施。零售的基础设施将变得极其可塑化、智能化和协同化，推动无界零售时代的到来，实现成本、效率、体验的升级。刘强东称，京东将成为未来零售基础设施的服务商，要打开业务环节之间的强耦合关系，使之成为一个个可拆分、可配置、可组装的插件，通过对多个可选插件的个性化组合，满足客户的不同需求。"京东有了新定位，营销板块也在模块化，开放朋友圈，既是对内亦是对外开放。"

在 AI、大数据等科技主题的引领下，京东时尚以开放共赢的理念，不仅帮助商家赋能，提供技术支持、资源优化和激励政策，同时犹如夜空中最亮的星，给传统时尚行业指明了未来发展方向，带来更多破局思路。例如，京东开普勒一直是京东践行无界零售理论、对外开放赋能的重要平台：为入住京东的品牌商提供一整套营销、物流、运营等零售基础设施的组合型服务。另外，依托腾讯智慧零售解决方案，腾讯微信小程序的持续赋能将给零售领域注入一针强心剂。以投资永辉超市为标志，2017 年 12 月，京东正式将腾讯拉入新零售战局联手对抗阿里新零售，抢占优质标的。

京东自然是追赶阿里的主力军。京东生鲜业务起步较晚，因此采取京东生鲜＋京东到家＋7Fresh 线上线下三路并进策略追赶阿里。京东还于 2017 年投资了英国的电商网站——Farfetch，开始进军奢侈品市场。刘强东称："我们对未来中国的奢侈品市场有自己的预判。越来越多的中国人热衷于购买奢侈品牌，Farfetch 上的很多奢侈品在中国都找不到，不管是线上还是线下。因此，这对中国顾客来说意义很大。"

京东借社会化电商的东风，紧紧把握移动电商这一趋势，同时通过与腾讯等互联网信息企业的合作，刺激平台的交易量，加速京东第三方物流业务的发展。此外，京东从 2007 年开始就巨额投资自有物流配送体系，帮助商户实现闭环最后一公里落地服务。可以说，京东有全流程式的购物服务，腾讯、百度等互联网企业提供数据，完备的购物服务结合海量的社交流量，所能激发的想象空间极其巨大。通过大数据的深度合作，京东即将迎接竞争与挑战，"决胜 AI 时代"。

❹ 绕不开的竞争对手

如今，不再是单打独斗的时代，而是精英竞争的时代。战略联盟是企业适应快速变化的环境、提升竞争力的重要战略活动。在互联网领域，电商巨头对于电商＋的探索都十分迅速且具有前瞻性。仅阿里巴巴、苏宁就分别将电商＋的创新拓展到兴趣化资讯阅读、网红直播、视频网站，以丰富与升级电商购物体验。前有淘宝头条、天猫直播、UC 订阅号、优酷土豆、新浪微博等产品进行电商＋的探索；后有青春社区、PPTV 以及超级朋友圈 App 进行产品营销，实现苏宁易购移动端的爆发式增长。

2015 年 8 月，阿里巴巴以 283 亿元战略投资苏宁云商，成为苏宁云商第二大股东。同年 10 月，苏宁云商全资子公司南京苏宁易购投资有限公司与阿里巴巴（中国）共同出资 10 亿元设立"猫宁电商"，双方分别占股 51% 和 49%。这意味着苏宁强大的线下实力将成为阿里巴巴线上平台的补充，虽然此时新零售概念尚未提出，但线上线下结合被视为必然的方向。

阿里自 2016 年 10 月提出向新零售进军以来，便与新华联控股、云锋投资、红树林创业、民生资本、余杭产业基金等企业共同设立杭州瀚云新领股权合伙企业，全面布局投资新零售。不仅入股三江购物，与百联、日日顺合作，成为联华二股东，还将与现代物流结合打造新零售生态。2016 年 1 月，原京东物流总监侯毅在沪创办盒马鲜生，后获得阿里高额投资，盒马鲜生采用"线上电商＋线下门店"经营模式，门店承载的功能较传统零售进一步增加，集"生鲜超市＋餐饮体验＋线上业务仓储"为一体，业界普遍认为盒马鲜生将成为阿里新零售的 1 号工程。

更重磅的合作对象则是百联集团。2017 年 2 月 20 日，这家老牌零售企业宣布与阿里巴巴签署新零售战略合作协议，成为阿里系新的"联姻对象"。资料显示，百联集团是上海市属大型国有重点企业，为原上海一百集团、华联集团、友谊集团、物资集团合并重组的大型国有商贸流通产业集团，线下有 4 800 家门店资源。

在大型平台之外，一些线下小型零售店也成为阿里的好帮手，阿里方面表示将利用大数据优势，帮助全国 600 万家零售店提升智能化、信息化水平；未来一年，将新开 1 万家"用数据武装"的"天猫小店"，成为社区生态服务中心。除此之外，许多新兴的电子商务企业也开始加入战略联盟的竞争行列，如涅生电商于 2018 年 2 月携手舒华集团、美的空调、丸美集团等共创新消费升级下的"品质生活态"战略联盟。这些都是京东必须面对的竞争对手。

多方竞争的局面是京东绕不开的问题，如何通过战略联盟布局提升竞争能力依然时刻考验着京东。

❺ "英雄联盟"的管理难题与解决方案

5.1　管理难题

罗马不是一天建成的，京东"英雄联盟"的打造亦有诸多困难。即使在最开始实施京腾计划时，也存在大量战略联盟或合并企业共同的管理难题。最典型的就是腾讯电商和京东合并，是否能够做到文化融合。这两家公司文化冲突很强，腾讯是典型的互联网公司，以产品经理文化为主导，讲究自由、慢决策、谨慎和精雕细琢，对用户体验极度追求，各种意见相互 PK。在腾讯看来，商业边界不需要严格区分，如果没有宽松自由的环境，就没法琢磨出新点子。而京东是重运营、重执行力的公司，效率是生死线，强调结果达成。京东决策链比腾讯短，执行的快速反应能力比腾讯强。这是电商业务模式决定的，而管理方法又是为业务模式服务的。对于这一点，京东零售用户体验设计部副总裁刘轶在刚从腾讯电商进入京东时就特别有感触。他发现，腾讯首页的分类调整相对比较随意，而京东实行非常严格的报批机制，他不知道为什么申请报批几次都未通过。直到刘强东专门找他谈话后，他才真正理解了网站页面设置的一级分类和二级分类。刘轶深刻感受到京东对用户体验的关注超出了他的预期。同时，首页改版和频道页改版是比较难的，因为如果要改版，对产品经理的采销利益有很大影响，这就需要考虑到产品发布之后如何考核产品经理等一系列复杂问题。

另外，京腾计划实施初期，还遇到了大量人员管理问题。腾讯是一家薪酬福利很好的公司，腾讯股票价格也很高，员工愿意来京东吗？刘强东对京东人力资源部门提出三个条件：第一，不主动解雇；第二，承诺不降薪；第三，所有留任员工给予签约奖励和留任奖励。其实，融入的员工多数不关心薪酬是否变化，真正关心的是业务怎么定位，自己要如何发展，去哪儿发展。

随着京 X 计划的出台，多家企业合作的博弈问题也浮现出来，任何一个商业联盟，若没有真切的利益关系在里面，最终只会变成松散的利益结合体，而松散的结合体很有可能被其他平台夺走，只有结成利益同盟，彼此的关系才会更加融洽。一个最简单的博弈就体现在账户管理上。京东业务人士透露："一般情况下，媒体会有自己的一个账户体系，京东也有单独的账户体系，这就涉及双方数据和账户融合问题，一个账户体系下就会出现强账户和弱账户。像今日头条不能用微博登录了，也说明强账户体系和弱账户体系是有博弈的。"账户背后是数据，关系到各家核心竞争力，进退皆不易。微信可以作为一个中间状态，成为一个重要的解决方案。"我们都用微信代登录，微信可以作为中间的一个账户体系，同时兼顾两边的利益。腾讯又是非常强大的，这是第一个解决方案。"

5.2　解决方案

（1）搭建积木型组织，构建无边界新零售

刘强东认为，"一体化的开放"对京东来说是一个巨大的战略转变。"未来客户不仅仅是网上消费者、供应商和卖家，还有线上线下的其他零售商、品牌商与合作伙伴。我们的系统不仅要支撑京东商城的业务，还要服务于未来的无界零售场景，赋能供应商和品牌商。这都需要依靠底层最核心的团队能力和组织保障。"

由此，刘强东提出京东应转型为积木型组织，要做到灵活组合（orchestrated）、赋能开放（open）、随需应变（on-demand）。灵活组合是指京东自身业务的标准化、组件化，将电商、物流、客服、交易、数据、选品等业务环节 API 化后组装起来，提供给流量端。流量端可以根据自己的不同情况选择部分或全部组件，通过导购、入驻、买断等方式接入京东的电商服务，实现流量的变现。他还直言，京腾计划、京条计划、京度计划和京奇计划等都是例子。

赋能开放和随需应变是通过技术手段实现。设置网关或者模糊数据都是可行方案，在实际操作中常综合采用多种方式。

门继鹏介绍，京东集团层面会给板块授权。"我有一定授权，但信息沟通是你自己去掌握的，这个事应该让老板知道，他也要知道盟军是哪里的。比如说，在周报里会写这些事情做到什么程度了，但不会说请刘总批准。"据了解，刘强东不会深度介入具体业务，更多的是把握战略性方向与节奏，这也激发了板块动力。"不一定他非得签字我才能干这个事，比如说我们跟奇虎360合作，他可能愿意参与一下，但不是说我非得报上去。"门继鹏道。对于京东这一管理模式，中欧国际工商学院管理学教授杨国安认为，这符合其积木型组织转型方向。他提出，积木型组织平台与总部加事业部，在管理上的根本区别在于前者关注赋能多于管控（做积木、定标准），后者关注管控多于赋能，同时，未来积木型组织的业务团队更加强调自我驱动。

（2）开放共赢，打造联盟盈利分享模式

京东集团CMO徐雷称，在京腾计划中，双方将首次全面整合线上购物、线下购物、社交媒体大数据；同时，由腾讯、京东和第三方软件开发商共同打造服务生态，为品牌商实现线上线下一站式营销推广服务。在广告投放上，相较过去更加精准。对于两家合作的结算模式，门继鹏透露，品牌商出钱购买媒体广告，腾讯收取媒体费用，同时，广告直接导流到京东，京东按照正常交易获益。"导流之后在京东上卖产品，京东一样会赚钱。"与导流模式相对应的，还有数据分析服务。京东方面透露，在数据分析结算中，腾讯要提供一部分数据，京东也要提供一部分数据，但数据属性不一样，腾讯偏重社交，京东为购物数据。"数据咨询费这一块，用谁的数据就给谁钱，但不是这么简单。我们整套服务是通过后台接入京东罗盘，品牌商可以灵活选择。"京腾计划招商解决方案特别详细，有六七十条。京腾计划的盈利模式有三种：第一种模式就是商品搬运产生的价值，包括渠道商之间的加价，实质上就是导流至京东商城获得正常收益；第二种模式是信息不对称产生的价值，实质上就是技术咨询费，但这不是主要收益。第三种模式则是供应链金融。据了解，除了京腾、京条计划外，京度、京奇、京易、京搜等计划各方合作的逻辑基本一致，同时，也会随着各方不同运营状况和优势领域进行调整。

刘强东曾在央视《对话》节目上谈道，京东永远不会搞"王者联盟"，不管京东规模多大，跟合作伙伴都是平等的。所有历史上想打造"王国"的公司，反而更快被瓦解，因为垄断会带来行业的反噬。正所谓"风起云涌浪淘沙，志同道合方为谋"，刘强东对京东及其战略联盟合作者充满信心。

京东的战略联盟涉及多方利益主体，如何处理与利益主体之间复杂的关系考验着京东的管理者。面对员工，刘强东对京东人力资源部门提出要求，保障员工利益。而面对合作方，京东选择通过结成利益同盟，使彼此的关系更加融洽，以此应对可能出现的松散结合体问题。

通过研究京东实施战略联盟的案例不难发现，由于竞争环境的复杂性和动态性，企业可以通过多种形式形成战略联盟，以规避限制进入特定市场、减少企业承诺性资源并增强企业灵活性。

在公司层合作战略中最为常见的形式是多元化战略、协同战略和特许经营。但战略联盟的确存在诸多风险与不确定性。事实证明，2/3 的战略联盟在最开始都有严重的问题，70% 的合作以失败告终。因此，信任越来越成为战略联盟中重要的战略资源。一旦彼此相互信任，合作伙伴之间的监督成本会降低（机会主义行为减少），联盟企业可利用机会实现价值最大化。

第 2 章

自然之美：京东商业生态
系统的构建之路 ①

2018 年 2 月 8 日，京东发布贺岁短片《JOY STORY：JOY 与鹭》。从表面来看，此举旨在向用户传递"祝愿狗年喜悦常伴"的祝福，同时推进京东吉祥物小狗 Joy 的 IP 化，其背后却传递了京东关于商业生态系统的核心理念（见图 2-1）。

短片中，小狗 Joy 和主人一起去钓鱼，主人钓鱼，Joy 负责看守饵虫。一只为饵虫而来的鹭打破了这平静的画面，Joy 从一开始希望与鹭交朋友，到因为鹭抢夺主人的饵虫而怒气相对，再到发现作为妈妈的鹭是为了三只幼鸟才来抢夺饵虫，它一点点洞察了鹭妈妈的真实需要，并以自己的善意赠饵虫行为换来了鹭妈妈回报的鱼。整个过程中，Joy 作为中间人洞悉了主人对鱼的需求和鹭妈妈对饵虫的需求，因而成为双方达成互惠的关键所在。

---

① 本案例由西北大学经济管理学院褚玉杰、张文明、李纯青（通讯作者）撰写。

图 2-1 《JOY 与鹭》短片画面与短片传递的理念

事实上，短片讲述的是人、动物及其所生存的环境构成的生态圈，这一过程涉及钓鱼饵虫的拥有者主人、主人的忠实伴侣 Joy、捕鱼技能的掌握者鹭妈妈、饵虫的喜爱者鹭妈妈的孩子等生态圈中的多元主体。这些多元主体看似各有所需，互相竞争，实则彼此依赖，稍加沟通即可实现互惠互利，进而共同维护大家所处生态圈的持久平衡。

商业生态系统指以组织和个体的相互作用为基础的经济联合体，良好的商业生态系统能够为顾客提供更优质的价值，有利于系统内成员的共同成长和新生态的创造，在互联互通的信息时代，它更是企业的核心竞争力所在。这一短片反映了京东所处的商业生态系统，鹭代表京东的上游供应商，Joy 代表京东，主人代表下游消费者。鹭和 Joy 本来是竞争关系，而洞察了鹭的真实目的后，Joy 以善意的举动化竞争关系为共生关系，使得主人和鹭之间实现和而不同的融洽状态，自己在和鹭建立良好关系的同时亦得到主人的赞赏，最终实现多方共赢。简短的故事生动地体现了京东作为互联网平台企业对于建构自身所处商业生态系统良性运行规则的深刻认识——"传递信任，共享价值"。

❶ 各美其美：立足专长、破解痛点的起步

2004 年选择从中关村电子卖场转型做电商时，京东面对的是强大的国外竞争对手和国内传统零售巨头。eBay2003 年以 1.5 亿美元收购易趣；马云创办了淘宝；2004 年，亚马逊以 7 500 万美元收购卓越。此时，中国电商还只是内部热闹，线下连锁巨头国美、苏宁对电商不太关心，中关村电子卖场依旧红火。总体上，国内电商领域还处于起步阶段，京东也尚未完全拥有自身的核心竞争力，但它明确了立足专长、识别顾客痛点并为其提供有效破解方案的发展目标，具体目标如下。

1.1 立足 3C 踏上互联网平台征程

2004 年，京东依赖线下业务选择以 3C 切入电商，当时主要的考虑是 3C 产品①的市场容量大、单价高，同时相较其他品类，

---

① 3C 产品，就是计算机（computer）、通信（communication）和消费类电子产品（consumer electronics）三者的结合，亦称"信息家电"。

该类产品更新换代快、口碑辐射能力强。京东采取质优价廉策略，旨在促成首批用户的主动宣传，进而借助用户的口碑传播降低新用户的获取成本和销售成本。京东前期面临的竞争主要来自新蛋和易迅，新蛋于 2001 年进入中国，易迅于 2006 年创建。面对先发企业和后建对手的市场争夺，京东选择深耕 3C 产品，致力于追求 B2C 市场上 3C 领域的领先地位，最终成为中国最大的 3C 产品零售商，线上市场份额超过 50%，手机线上零售份额 48%，增速惊人。

1.2 从 3C 电商平台迈向大型零售公司

若要实现电商平台的全面发展，就必须拓展品类以满足用户的消费需求，否则就可能被顾客抛弃。在意识到垂直电商的生存空间及发展前景的困境之后，京东在 2007 年确立了全品类发展战略。京东致力于摆脱消费者对其"专注 3C 产品"的刻板印象，努力宣传京东作为大型零售公司的形象，强化自身从服务于小众且标签清晰的特定群体拓展到服务于普通大众的改变。京东从起家的 IT 产品、数码通信、小家电开始，然后到大家电、日用百货和图书，持续进行品类扩张，最终从一个专做 3C 产品的电商成长为能够满足顾客多种需求的一站式消费平台。

1.3 自建仓配一体的物流体系

随着电子商务的持续发展，其痛点也逐渐显现，即物流成本高且用户体验差，由电子商务催生的物流行业愈发成为令诸多电商平台头痛的顽疾。京东同样面临这个困境，由第三方物流负责的长途运输时间长、装卸频率高、出错率高，在销售旺季造成巨大的运输压力。自 2007 年开始，京东致力于自建仓配一体的物流体系以化解这一压力。在此基础上，京东在 2012 年注册物流公司，2017 年 4 月正式成立京东物流集团，旨在成为全球供应链基础设施服务商。截至 2020 年 12 月 31 日，京东物流在全国运营超过 900 个仓库（包含云仓），仓储总面积约为 2 100 万平方米。目前，京东自营配送服务基本实现国内行政区县 100% 覆盖。覆盖区域广、服务人群多、配送速度快，不仅为京东提高物流效率、降低成本和改善用户体验起到重要作用，更成为其与上下游深化合作，打通商业全过程的基础保障。

　　2004—2009 年是京东商业生态系统构建的开拓阶段，该阶段的核心目标是创造真正有价值的东西，即汇集各种能力，创造具有创新意义的关键产品及服务。为了实现该目标，京东从消除消费者的痛点出发，坚持"正品行货"理念，围绕 3C 切入电商行业，开启全品类战略，自建仓配一体的物流体系降低成本等。经过从小型零售商到专业电商平台再到全品类零售集团的成长历程，京东初步建立起属于自己的商业网络。虽然物流体系的建设及完善一直持续至今，但京东已经走在了物流行业前列。基于此，京东在消费者心中建立起"正品""低价""全品类"的形象，拉开了打造京东平台生态系统的序幕。

② 美人之美：打造互惠的商业全过程

在互联网和电子商务时代，市场竞争从单个企业之间的竞争向供应链与供应链的竞争、产业生态和产业生态的竞争升级。要想在竞争中长期立于不败之地，企业必须注重商业全过程中与不同利益相关者之间良好关系的建立与强化，由此形成关键竞争力。作为全品类电商平台，京东要想在更广泛的竞争中获胜，就需要与上下游多元的合作伙伴、投资商、政府等风险承担者、利益相关者建立良好关系，但这绝非易事。

2.1 让消费者有更多选择，为第三方卖家提供机会：POP 上线

京东自营的商业模式针对标准化产品更具优势。非标准化商品，品牌高度分散，库存数量巨大，自营该类商品，对京东而言是高成本低效率的选择，没有优势可言。针对非标准化产品，京东必须依赖平台卖家销售。在互联互通的新消费时代，消费者更期待一站式购物服务，而不是面对繁杂的信息，在不同的平台反复切换、比较，增加选择成本。

2010 年，京东开放平台（platform open plan，POP）上线。不同于之前以男性为主的用户结构，POP 平台开放之后，京东迎来了大批女性用户，这对于完善京东平台的顾客生态发挥了重要作用，也是京东构建平台生态系统的必由之路。

2.2 复杂的平台网络良性运行的前提：互惠性原则

现实中的互联网平台十分复杂，涉及供需双方的多元利益相关者。就京东平台而言，其利益相关者涉及内部员工、消费者、品牌商、代理商、运营服务商、物流服务商、推广服务商、应用开发商，等等。这些利益相关者围绕京东平台形成了包括金融服务、广告推送、物流交易、工具交易等一系列相关子平台，这些子平台相互连接，共同构成复杂的平台经济网络。如此复杂的网络中，价值不再是单一群体创造的，需要多方共同创造，忽视任何一方的利益都有可能给平台发展带来隐患。面对这样的挑战，互惠性原则成为确保多方利益相关者的利益，实现有序化运行的必然选择。

基于互惠性原则，京东采取三项措施：严审入门证，保障平台产品品质，改善正品生存环境；突出产品，帮助供应商维持品质与利益；建立有针对性的评价体系，帮助消费者更多地了解产品。这些措施同时保障卖家和买家的权益，建立平台上下游用户之间的信任，从而打造良性的平台生态环境。

2.3 深化产、渠、消全过程价值联系，建立品质保障与服务体系

互惠性原则建立的是信任，但只有深化价值联系方能实现平台生态系统可持续发展。这一目标仅依靠平台无法实现，需要借助生产、渠道和消费全过程各利益相关者之间的价值契合。

就消费过程而言，平台商首先需要洞悉消费者的核心诉求，即确保产品和服务品质，这是实现消费过程价值的关键基础。京东努力构建内部和外部质量保障体系，打造"诚信、正品和客户为先"的企业文化，确立对假货"零容忍"的理念。同时，京东提供从咨询、支付、物流到售后的整体服务，通过确立自身作为"第一服务商"的角色，为平台服务进行背书。

从供给端来看，平台商同样必须清楚商家的关键需求，即简化销售流程、降低运营成本、改善竞争环境，这是实现生产过程和渠道过程价值的根本前提。京东致力于为商家提供完整服务，在货品抵达京东库房后，在线订单、包装、物流、退换货等均由京东负责，且服务价格远低于商家自助配送。同时，推动法律法规、监管手段、技术标准等的落地，也是京东作为平台商为整个生态系统提供良好的发展空间和环境所必须努力的方向。

2010—2012 年是京东商业生态系统的扩展阶段，主要围绕建立以良性协作关系为基础的核心团队。京东于 2010 年 10 月上线开放平台，扩展了平台的商品品类，进一步满足顾客"一站式"消费需求。与平台卖家相互协作，构建品质保障与服务体系，吸引更多注册用户。与更多的新顾客、相关风险承担者、利益相关者和关注者逐步深化在生产、渠道与消费过程中的价值联系，逐步扩大规模，形成了较为健康的京东平台商业生态系统。

❸ 美美与共：大家好，才是真的好

在经济全球化和信息技术快速进步的背景下，经济、社会、生产和生活部门实现深度融合。这意味着京东要实现长期良性发展，就必须与相关公司、供应商、顾客、社会组织、公众以及自然环境等共同成长，为自己所处的复杂经济生态作出贡献，在商业网络中占据核心地位。

3.1 承担社会责任：打造健康商业环境

电子商务领域的假货、腐败、偷税漏税等不正当行为引起社会各界的关注，成为摆在电商平台面前亟待解决的新课题。作为平台商，承接上游商家和下游顾客，只有承担起打造健康商业环境的社会责任，方能在与行业伙伴、政府的合作中，共同享有诚信、公平、公正的商业环境。

内部环境健康：京东通过成立假货处理专项小组，建立包括客服、售后、公共关系、采销等跨部门联动协作处理机制，坚持打假。

外部环境健康：借助电子发票、与知名企业及研究中心合作成立"阳光诚信联盟"来推动税收公平和市场公平秩序的建立和维护。

3.2 与上游分享效率红利：反哺生产商

在复杂的生态系统中，拥有权威的企业极易成长为主要利益的攫取者，挤压其他利益相关者的获利空间，最终导致生态系统崩溃。然而，今天单一企业间的竞争已发展为供应链间的竞争，一条供应链上下游的合作伙伴是"一荣俱荣，一损俱损"的利益共同体。此时，借助自身优势，创造价值溢出，与生态系统中的其他利益相关者分享价值，才是更加理智和长远的选择。

京东利用其资源整合优势和流通效率优势，向上游合作伙伴伸出橄榄枝，通过缩短结算周期、开展供应链金融服务、保持理性的采购价格、加快销售速度和扩大销售规模等形式，帮助上游制造商保持健康的运营状态，从而为自己乃至整个供应链生态系统良性发展提供保障。

3.3　借助供需互动，倒逼生产商

在推动商业生态系统良性发展的过程中，研发新产品或技术是重要的驱动力，而这一驱动力的形成不仅需要客户端需求的快速发现和精准识别，更需要供应商的迅速回应和不懈尝试。在需求端和供给端的对接过程中，平台价值充分体现，把握住这一机会，方能保证自身在系统中的重要地位，进而与上下游用户共同成长。

京东平台通过立足客户端助力新产品研发，如开展"爆款预测"，提炼问题，形成共性需求，指导企业改进或研发新产品；帮助供应商提升质量管理水平，如发布平台准入标准和实施规则，提升行业准入门槛，推动行业品质升级；利用用户大数据助力品牌商做大做强。通过以上措施，京东在商业生态系统中的地位日趋牢固。

3.4　助力农产品上行

助力农产品上行，关键在于：借助互联网做好农产品的市场研究、产业规划和结构调整，帮助农民选好种好农产品，开展错位竞争；做好农产品选育、种养、收储、加工和物流的全流程质量管控；做好农产品的商品化、品牌化和网络化，把小生产和大市场有机衔接起来，缩短流通链条，减少流通损耗，降低流通成本；加强地域品牌和产品品牌建设，获取稳定的市场份额和品牌溢价。

京东积极推动优质农产品的电商化销售，充分发挥自营平台产销对接高效、产品质量可控和仓配物流快捷的优势，采取了三项体系化措施：深度挖掘地方特色产品，不断扩大地方特产线上入口；对接农业产业化龙头企业，强化农产品标准化建设，打造高品质特色农产品产业链；建设从田间到餐桌的冷链物流体系，打造农产品电商基础设施，破解传统农产品流通环节多、损耗大、不上门等难题。

2013年至2015年9月京东逐渐取得其所处商业生态系统中的领导地位，经历了商业生态系统构建的领导阶段。京东在该阶段以保持自身在生态系统共同体中的权威为主要目标，而实现这一目标的关键因素是集中精力做贡献。京东借助良好的协作关系，通过一系列组织间关系协议，促使整个生态系统朝利好的自组织方向发展。京东努力承担起打造诚信、公平、公正商业环境的社会责任；金融方面，京东通过快速结算为供应商"保血"，通过互联网金融为供应商"输血"；产品研发与质量管理方面，京东立足客户端，借助供需互动，助力新产品研发倒逼供应商提升质量管理水平，为消费者和供应商提供更多价值，助力品牌商做大做强；同时，利用自身优势解决社会问题，主要体现为助力农产品上行。这些举措进一步提升和巩固了京东在商业生态系统中的领导地位。

❹ 天下大同：未来已至，风雨同舟

2017 年 7 月，刘强东谈及自己对零售未来的判断：在下一个 10 ～ 20 年，零售业将迎来第四次零售革命，进入无界零售时代，其根本驱动力是消费的变化和技术的更新。在这一背景下，京东的定位是中国零售业基础设施提供商，持续致力于推进广泛而深入的"京东联盟"，开创无界营销新生态，为供需双方多个用户群体提供更为优质的服务。

4.1 做中国商业零售领域的基础设施提供商：物流的智慧化与社会化

在 2017 年开年大会上，刘强东宣布京东将转型为一家纯技术公司，成为中国商业零售领域的基础设施提供商。物流业是融合运输、仓储、货代、信息等产业的复合型服务业，是支撑国民经济发展的基础性、战略性产业。发展到今天，物流已经成为贯穿经济发展和社会生活的重要活动，成为虚拟经济和实体经济、传统经济和新经济的纽带，被称为继劳动力、自然资源之后的"第三利润源泉"。京东为打造自身物流优势，作出如下努力。

（1）速度与智慧：消费者物流服务体验新定义

通过自建物流体系，实现仓储自动化和智能化，提高库存周转率，使物流成本更低；保证配送速度，提供诸如当日达（211 限时达）、次日达、2 小时极速达等高配送实效的服务，带动整个电商物流行业提速；推出"京准达"，2017 年，经过一轮升级，预约收货时间由最初的 2 小时缩短至 1 小时；依靠自动化与机器人技术、大数据的物流服务应用、"三无"技术（无人仓／车／机）来驱动物流服务的智慧化，用技术创造价值，提升效率，降低失误。

（2）内部关怀的温度：保障员工成长与福利

物流服务依靠配送员来完成，京东靠有竞争力的收入和较大的成长空间及严格的管理制度和配套福利待遇，来吸引配送员，提升他们的素质，保证其服务质量；为员工提供清晰的上升空间，优秀员工可晋升为站长，工作满三年，可以回乡创业；关注员工尊严，提升幸福感，自 2016 年起设立"4·28 京东配送员日"，表彰优秀配送员工，致敬一线员工，呼吁全社会给予配送员更多尊重、关注和关爱。

4.2　所谓无界：开创零售业新生态

无界零售是京东对行业未来趋势的判断，基于社交场景的连通，京东借助数据贯通和价值互通深入串联起不同消费行为和场景。2018 年 1 月，京东召开"2018 年无界营销峰会"，"京东联盟"正式浮出水面。同时，京东表示，在未来将持续推动模式和技术创新，借助广泛结盟进一步打通各种场景；在深入挖掘数据的同时，开放数据资源；通过营销赋能，让零售链条的每个环节都能分享和创造价值。

（1）场景连接：构筑多方共赢的基础

在互联网时代背景下，企业、顾客、竞争对手、其他利益相关者之间的关系链条组合需要演化为自然环境状态中复杂多样又开放变化的生态系统，才能确保多方共赢目标的实现。

基于对未来营销边界模糊化乃至无界的判断，自 2015 年开始，京东借助京 X 计划和京粉计划完成对购物场景的连接并覆盖大多数中国互联网用户，构建京东平台品牌生态系统，致力于成为该系统内基石型的核心企业。自京腾计划开始，到搜狐（京狐计划）加入，京 X 计划成员已包括腾讯、今日头条、百度、奇虎360、网易、爱奇艺、搜狐，今后还将继续增加。

京 X 计划旨在与媒体建立连接，京粉计划旨在与社交媒体建立专门连接。随着社交媒体场景在大众日常生活中的重要性日趋凸显，零售与社交场景的连通已成为流量接入的必然选择。如 2019年 10 月，京东正式接入"微信—发现—购物"一级入口，成功连接社交场景用户，获得为品牌商挖掘庞大社交流量的强大优势。

（2）场景融合：发挥无界营销效应

京东有两个营销产品来实现这个无界的目标，一个是用于品牌融合的东联计划，一个是用于流量融合的京盟计划。以东联计划为例，品牌商在电视上做广告的时候带上京东的品牌，就可以在京东上获得相应比例的流量支持。品牌商同时获得品牌曝光和京东的流量，实现品效合一；京东亦获得品牌曝光，一举两得。

（3）场景创建：可持续的无界营销

数据正在崛起，技术、数据量和算法正在构成一个新的业态。数据化本质上是将一种现象转变为可量化形式的过程。互联网时代，用户留下的每一处"足迹"都被数据化地记录下来，成为当下企业最核心的资产和创造价值的源泉。京东拟通过京东大数据和京洞察实现对全新购物场景的创建。

大数据时代，起点是用户，终点是回归用户，用户生产数据就是大数据时代的特点。京东通过京东大数据和京洞察来实践用户大数据的场景细分，还原用户的属性特征、社会背景、兴趣喜好，甚至解释内心需求、性格特点、社交人群等潜在属性。了解了用户各种消费行为和需求，就可精准刻画人群特征，用于新场景的创建，确保无界营销场景的可持续。

经过开拓、扩展和领导阶段，京东商业生态系统逐渐完备（见图 2-2），进入自我更新阶段。2015 年 10 月至今是京东商业生态系统的自我更新阶段，核心目标是让整个系统适应新的环境，实现自我提升，主要方法是为系统注入全新的观念，推动系统变革，以保持系统具有商业持续改进性能。在该阶段，京东借助自身在自建物流方面的优势，致力于成为中国商业零售领域的基础设施提供商。以物流优势为基础，京东提出了"第四次零售革命"和"无界营销"的新概念，借助京 X 计划、京东联盟、京粉计划的实施，实现营销场景的提升和新场景的创建，持续为以其为核心的商业生态系统注入新的思想与活力，保持整个系统的持续改进性能。

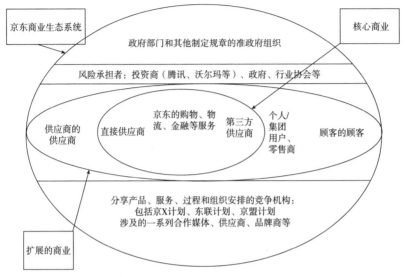

图 2 - 2 京东商业生态系统构成图

事实上，商业生态系统进入这个阶段不一定会自我更新，也有可能会衰退甚至死亡。商业生态系统在该阶段究竟是自我更新还是衰退、死亡，很大程度上取决于核心领导企业对于新环境的识别、判断和适应能力，即持续自我改进的性能。如果领导企业试图阻止变化或通过有限的变革来维持系统的正常运行，极有可能导致原生态系统的衰退甚至死亡。

在移动互联时代，核心企业要想在商业生态系统中保持自身优势，需要做到三点：

其一，保障自身在商业生态系统中的领导地位。这是应对移动互联时代系统内部条件变化和外部环境改变的重要策略，旨在获得系统成员的重视和认可，从而在应对内外部不确定性时占据更好的位置。

其二，不断为系统内的顾客作出新的贡献。新时代背景下顾客需求的复杂多变决定了商业生态系统的动态性，只有不断满足顾客的新需求，才有足够的能力保障获取利润，进而在商业生态系统的动态变化中保持优势。

其三，与商业生态系统内其他成员共享价值。作为系统中价值的集大成者，核心企业无疑拥有利润和权威。然而，系统中价值向核心企业过度倾斜和集中，必然挤压其他系统成员的生存空间，甚至使其失去生存空间，最终导致整个生态系统崩溃。因此，核心企业要想持续借助系统内其他成员的能力来形成自己的竞争优势，就必须与系统内其他成员共享价值，为整个生态系统的生存付出努力，确保商业生态系统的平衡。

与自然界的多级复杂的生态系统一样，京东一直致力于构建的复杂开放的商业生态系统，蕴含着超越单个企业的更强大的能量。在与外部的品牌商、零售商、信息/内容服务商、专业服务商等系统成员分享价值的前提下，京东能够服务于更大范围内的合作伙伴和广大消费者，同时实现自身的价值追求。构建良好的商业生态系统，是京东对自然生态之美的充分领悟与运用。正如刘强东所说，"各美其美，美人之美，美美与共，天下大同"，将是下一个无界零售时代里商业关系的主旋律。

第 3 章

叮咚绕梁，有声无界：
京东人工智能音箱商业模式解析 [①]

　　商业模式分析是企业战略的基础问题。人工智能技术赋予了传统商业模式创新的新动能。京东人工智能音箱——叮咚智能音箱的成功不是一件产品的成功，而是京东人工智能商业模式的成功。京东通过产品、平台、联盟这三个核心要素重构了智能家电商业模式的框架，这是一种以大众市场结合多边平台市场来进行客户细分，以家庭智能消费为价值主张，以人工智能平台为核心资源，以产品制造和平台管理为关键业务，多边平台模式＋开放模式的服务生态系统。

　　人工智能技术的发展催生了很多新的商业应用场景，众多企业加入这个激烈竞争的领域，单个企业已无法只凭借自身的资源、能力参与市场竞争。企业只有联合拥有不同资源、能力的角色，发挥彼此的能力和优势，创建差异化的价值主张，才能在激烈的市场竞争中赢得一席之地。因此，建立企业联盟、构建人工智能商业生态系统成为企业的必然选择。让我们从传统场景出发，探索京东人工智能音箱商业模式的构建过程。

---

① 本案例由西北大学经济管理学院高鹏、李纯青（通讯作者）撰写。

❶ 传统场景

场景 1（信息播放）：

小强："为什么手机开始播放了，音箱还没响？"

小强："哎……音箱没开。"

小强："怎么开了还是没声音？"

小强："哎……蓝牙又断了！"

…………

小强："老婆，今天的报纸在哪儿？我要看新闻。"

小丽："你不会拿手机看呀，你不是手机不离身吗？"

小强："看了一天电子屏了，眼睛累。"

场景 2（购物）：

小丽："最近想买一双帆布休闲鞋，有啥推荐？"

小强："拿电脑或手机在 ×× 平台上搜索一下不就完了。"

小丽："哎……每次搜索都会给你推荐一大堆无用的信息，反而耽误时间。"

…………

小丽："老公，我的快递怎么还没到呀，帮我看一下。"

小强："你不会自己看呀，我正忙着呢！"

小丽："哼，你是不是不爱我了！"

小强："？"

场景 3（控制家电）：

老张："老伴儿，昨天咱们看的那个电视剧是哪个台来着？叫啥名字？"

老刘："好像是 ×× 台，名字我也忘了，你自己再找找。"

············

老张："老伴儿，你看到空调遥控器了吗？"

老刘："不是一直放在茶几上吗？"

老张："人老了，看这记性。"

场景 4（教育）：

小明："妈妈，我想听英文歌。"

小明妈："好的，你等等，妈妈给你在手机上找找。"

小明："妈妈，怎么还没好？"

小明妈："别着急，手机有点慢，妈妈再找找。"

············

小明："妈妈，35×25+112 等于几？"

小明妈："等等，妈妈拿计算器去。"

场景 5（生活百事通）：

小强："老婆，用你的手机给我打个电话，我的手机不见了。"

小丽："嗯，你等等，我找找我的手机。"

小强："……"

············

小丽："哎呀，今天出去又淋雨了。"

小强："出门没看天气预报吗？"

小丽："还要在手机上查，麻烦……"

❷ 叮咚相伴，场景再现：产品

一个小小的音箱如何消除传统场景中的困扰呢？一个成功的商业模式必须能够为其客户细分市场提供创新性的价值主张，以及良好的客户关系。客户细分描述了一家企业想要获得的和期望服务的不同的目标人群和机构。价值主张是客户转向一家公司而非另一家公司的原因，它解决了客户困扰或者满足了客户需求。每个价值主张都包含可选的系列产品或服务，以满足特定客户细分群体的需求。客户关系构造块用来描绘公司与特定客户细分群体建立的关系类型。

京东人工智能音箱的客户细分是怎样的？价值主张是什么？客户关系又是如何设计的？

2.1 场景再现

场景 1（信息播放）：

小明："叮咚，我现在心情不好，给我放段音乐！"

叮咚："……得意地笑，我得意地笑……"（音乐响起）

…………

小明："叮咚，今天有什么体育新闻？"

叮咚："巴萨在本届欧洲杯四分之一比赛中被罗马淘汰。"

场景 2（购物）：

小丽："叮咚，我想买一双帆布休闲鞋，有什么推荐？"

叮咚："最近××品牌在打折，销量很不错，也是你喜欢的品牌，我已推送到您的手机了。"

……………

小丽："叮咚，我今天有什么订单到货了？还有几件在路上？"

叮咚："您今天将收到 2 件货物，还有 3 件需要 2 天才能到货。"

场景 3（控制家电）：

老张："叮咚，找到昨天我看的那个连续剧。"

叮咚："已为您找到上次的播放位置。"

……………

老张："叮咚，把客厅的灯光调暗些，顺便把空调打开。"

叮咚："已为您将客厅灯光调至 30，空调已为您打开。"

场景 4：（教育）：

小明："妈妈，我想听英文歌。"

小明妈："叮咚，播放一首英文儿歌。"

叮咚："jingle bells，jingle bells jingle all the way…"

……………

小明："叮咚，$35 \times 25 + 112$ 等于几？"

叮咚："987。"

场景 5：（生活百事通）：

小强："叮咚，帮我找一下我的手机。"

叮咚："好的，已为您拨号。"

……………

小强："叮咚，明天 ×× 城市的天气如何？"

叮咚："×× 城市明天晴天，风力 2 级……"

2.2 叮咚智能音箱

从 Echo 火爆美国到中国本土品牌崛起，从屈指可数的几款产品到几乎每个互联网巨头都加入战团，智能音箱在中国人工智能应用元年开启了第一个风口。智能终端领域虽然群雄并起，但一个公认的趋势是：未来唤醒万物的方式一定会从指尖转向舌尖，人机交互方式将从屏幕转向语音。

家庭生活中的众多场景因为有了一个智能助手而变得非常轻松，家庭生活有了不一样的体验，这一切都要归功于京东的人工智能产品——叮咚智能音箱。

最新款的叮咚智能音箱是叮咚 2 代，它是全球第一款可实现屏幕和中文语音双交互的智能音箱，95.3% 的高识别准确率，0.8秒极速响应，拥有大量有声资源，可以控制智能家居家电产品，不用动手，一句话轻松搞定。叮咚智能音箱提供的基本生活辅助功能包括：

第一，大量有声资源。如：故事、音乐、新闻、相声、广播、英语学习资源等。

第二，控制家电。叮咚智能音箱支持多款智能家居家电产品，涵盖电视、空调、空气净化器、洗衣机、加湿器、扫地机器人、电风扇、窗帘、灯具等，同时支持京东微联控制。

第三，语音线上购物。叮咚智能音箱支持京东商城购物，通过语音即可下单、查询物流，还可在多家合作平台线上购物。

第四，家庭教育辅助。叮咚智能音箱可以为孩子讲故事、提供翻译、协助计算、朗诵古诗词、查询百科问答、辅导英语学习等。

除此之外，叮咚智能音箱还可以自定义唤醒词，能找手机还能打电话，可以通过声纹识别不同人的身份。

综上所述，我们可以看到叮咚智能音箱的客户细分表现为大众市场＋多边平台市场。针对大众市场，京东构建的是以叮咚智能音箱为人机接口的消费者智能家居环境。叮咚智能音箱也被定义为全能型 AI 家庭助手。

针对大众市场，叮咚智能音箱向消费者提供了一个全新的价值主张——智能家庭消费。除音箱产品之外，内容服务、O2O 服务以及对智能家居的控制是该价值主张涉及的主要领域。其特征包括：第一，产品高度定制化，产品可以有各种各样的外观；唤醒词可以自定义，声音也不一样，分男声和女声。通过这种方式，品牌的亲和力展现在每个消费者的面前。第二，内容方面，每一个品牌商积累的专业内容都将与叮咚人工智能技术、语音交互能力结合起来，为消费者打造必不可少的生活顾问。第三，场景化定制。叮咚智能音箱目前已有很多功能，包括音乐、智能家居和内容；叮咚智能音箱也是一个开放平台，有很多开发者与公司推出的各种应用，这些应用未来可以针对不同场景和不同应用领域，为品牌商提供定制服务。第四，叮咚智能音箱里存有很多品牌商专家服务的热线电话，想喝水就叫"农夫山泉"，想知道育儿知识就叫"美赞臣"。第五，关于语音购物，叮咚智能音箱可以自动根据京东后台历史数据向用户精准推荐商品，同时基于内容驱动，根据用户需求作出更精准的反馈。

针对大众市场，京东人工智能音箱的客户关系表现为专用个人助理＋自动化服务。叮咚智能音箱的基础其实是背后的人工智能，通过语音交互的方式叮咚智能音箱提供音乐、百科、新闻、天气、购物、交通、周边搜索、家电控制等数十项家庭环境下的核心功能。用户只需通过语音就可唤醒叮咚智能音箱，通过语音指令完成点歌、百科查询、家电控制、京东购物、路线路况查询、周边搜索。比如，可以通过搜索歌手名、歌曲名、音乐风格、歌曲类型等方式找到想要的音乐；可以将音箱当作百科全书，查询各类知识；可以通过语音控制家电，现已支持京东微联、美的家居、米家旗下智米科技等 2 000 多种设备；在开放平台打开京东购物后就可以购买商品和查询订单；可以查询去某地的路线、用时和路况信息，并把路线导航信息推送至 App；可以查询周边或某个地点附近的饭店、咖啡馆、游乐场等。

❸ 叮咚音箱，声而不凡：平台

成功的商业模式必须有成功的价值主张，而价值主张不是凭空实现的，要有核心资源与关键业务的支撑。核心资源是让商业模式有效运行所必需的最重要因素。每种商业模式都需要核心资源，这些资源使得企业能够创造和提供价值主张、接触市场、与客户细分群体建立关系并获取收入。关键业务用来描述为了确保商业模式可行，企业必须做的最重要的事情。关键业务也是创造和提供价值主张、接触市场、维系客户关系并获取收入的基础。

那么京东人工智能音箱的核心资源和关键业务是什么？如何支撑价值主张的实现？

3.1 IoT 开放平台

（1）定位

面向硬件厂家的一站式智能硬件开发平台，基于自主研发的 Joylink 协议，以及跨品牌、跨品类智能设备的互联互通整体解决方案，快速实现硬件智能化，以实现千万级智能设备的互联互通，与合作伙伴共同打造 IoT 生态。

（2）特点

a.强整合能力：快速高效接入产品，实现产品智能化；能够使不同品类、不同品牌间的设备实现互通互联；定制不同的应用场景，实现一手掌控的生活。

b.低研发成本：在云端快速部署和交付应用，减少系统建设和运维成本；提供软硬件 demo，降低开发成本；联合模块、芯片厂商生产出更高质量的设备，发挥设备的市场优势。

c.大数据分析：帮助传统厂商进行设备数据分析，改进自身硬件产品；基于用户画像，为用户精准推荐更多增值服务。

d.优质的服务：借助京东的渠道资源，提升设备的品牌知名度和销售量；收集健康设备数据，提供健康解决方案；帮用户检测机器设备故障问题，快速制定解决方案，提供更优质的服务；为家装、地产、集成商等带来多种场景的智能家居解决方案。

（3）接入方式

a.产品中心：接入 IoT 开放平台的设备，通过小京鱼 App 统一接入。基于该方案，只需关注硬件本身，即可实现最快速、最具性价比的硬件智能化。

b.应用中心：对于有个性化需求的用户，可基于平台提供的 SDK 或 API 自行定制开发，打造自己的物联生态。

（4）典型应用场景

a.智能家居：智能家居利用物联网技术，通过远程控制、联动控制、场景控制和定时控制，将智能家电互联互通，创造一个优质、高效、舒适、安全、便利、节能、健康、环保的居住生活环境空间。

b.智慧健康：智慧健康记录运动、睡眠、血压、血糖等信息，给用户带来更多健康数据解读，让智能健康设备真正成为用户的私人健康顾问。

c.汽车服务：汽车服务通过远程信息技术为汽车"体检"，采集车况信息，分析驾驶习惯，提供最全面的驾驶服务。

3.2 Skill 开放平台

（1）定位

提供全套的自助式开发工具；帮助开发者轻松、快速地将服务集成到 Alpha 智能服务平台[①]，用户通过自然语言即可获取服务，通过 Alpha 智能服务平台赋能智能设备或手机应用，帮助开发者

---

① 2018 年后称小京鱼智能服务平台。

获得亿级智能场景用户，从移动服务向 AI 服务升级。

（2）特点

a.标准化开发流程：为开发者提供标准化的开发框架、开发模板，并提供完整的教程和丰富的小工具，减小开发难度，降低开发成本。

b.海量活跃用户：Alpha 智能服务平台将服务分发至多种终端设备，触达海量用户群体。

c.优质服务中心：为开发者提供完备的技术文档和专业的客服支持，解决开发问题。

d.免费开放使用：秉承开放、共赢的理念，所有开发者都可以免费使用 Skill 开放平台，为产品赋予智能。

（3）合作案例

a.今日头条：今日头条通过 Skill 开放平台获取 Alpha 智能服务平台的智能语音能力，用户无须长时间盯着手机屏幕，通过音箱就可以听到最新时事新闻。

b.掌厨：掌厨可为用户提供菜谱查询相关服务，用户可以在智能设备上通过语音交互完成菜谱、食材及烹饪步骤查询。

c.搜狗：使用 Alpha 智能服务平台的自然语言处理、语音合成等能力，搜狗可以根据用户需求选取最优路线并通过语音播报导航，为用户营造舒适、安全的驾驶环境。

d.滴滴出行：滴滴出行使用 Alpha 智能服务平台的语音识别和处理技术，让用户通过与音箱、智能可穿戴设备进行语音交互，随时随地享用叫车服务。

（4）使用流程

Skill 开放平台使用流程如图 3-1 所示。

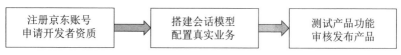

图 3-1 Skill 开放平台使用流程

资料来源：https://jdwhale.jd.com.

3.3 AI 赋能平台

（1）定位

AI 赋能平台提供标准 API/SDK，让硬件开发者快速集成 Alpha 智能服务平台的智能助手，实现产品智能化。用户通过语音即可实现购物、听音乐、查天气等更多功能。

（2）特点

a. 丰富的京东电商渠道：厂商的设备在搭载 Alpha 智能服务平台相应能力、提高产品竞争力的同时，借助京东丰富的上下游渠道与营销策略，迅速提高知名度与销量。

b. 京东大数据支撑：借助京东大数据与用户画像，精准定位用户偏好，协助厂商改进产品，提升用户体验。

c. 定制化开发支持：Alpha 智能服务平台针对不同设备提供定制化的开发，轻松满足音箱、电视或其他种类设备智能化升级的需求。

（3）平台能力

a. 语音识别：语音识别将用户的语音指令转换为文字，彻底解放双手，支持带口音普通话，识别准确率高。

b.语音唤醒：集成深度学习的强大语音引擎。用户说出唤醒词，即可让处于休眠状态的设备直接进入等待语音指令的状态。

c.自然语言理解：将识别后的语音指令与服务或功能相对应，实现人与设备之间用自然语言进行交互。

d.语音合成：将文字智能地转换为语音播放给用户，真正赋予设备开口说话的能力。同时，为用户提供多种发音人，用户可以根据自己的需要进行选择。

e.图像识别：通过对海量图像进行反复训练，实现快速准确地识别物体类别等关键信息。覆盖冰箱中食材识别等应用场景。

f.麦克风阵列：提供多种环形 / 线性阵列选择，形成"硬件 + 算法"的定制化解决方案。

g.服务内容生态：Alpha 智能服务平台拥有丰富的内容服务资源，全面满足智能生活所需场景，设备经 Alpha 智能服务平台赋能后，可以为用户提供购物、新闻等丰富的智能服务。

h.设备控制：通过语音交互的方式，完成对设备自身音量调节、产品开关等功能。或者借助 IoT 平台强大的设备互联能力，实现基于场景的联动控制。

（4）使用流程

AI 赋能平台使用流程如图 3 - 2 所示。

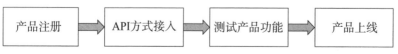

图 3 - 2　AI 赋能平台使用流程

资料来源：https://jdwhale.jd.com.

综上所述，叮咚智能音箱之所以有不俗的表现，跟支撑它的人工智能平台密不可分，这个平台就是 Alpha 智能服务平台。京东人工智能音箱商业模式的核心资源就是 Alpha 智能服务平台。该平台面向智能行业全面开放，赋能智能硬件、智能家居、智能车载等领域，提供"技术＋服务＋渠道"的一站式智能解决方案。智能产品可获得听觉、视觉、学习能力以及音乐、新闻、购物等海量服务，并获得设备控制能力。

京东人工智能音箱商业模式的关键业务包括制造产品和平台管理等。首先，叮咚智能音箱的生产是关键业务，产品的质量、功能、性能直接关系到用户的体验和评价。其次，叮咚智能音箱的丰富功能得益于背后强大的 Alpha 智能服务平台，平台管理、平台服务提供、平台推广是其关键业务。Alpha 智能服务平台包括 IoT 开放平台、Skill 开放平台、AI 赋能平台三个子平台，每个子平台有自身的特点与管理模式。

❹ 叮咚绕梁，有声无界：联盟

过去，音箱只是音乐的载体，比拼的是音质，口号是"高保真"。人们能想到的音箱使用场景是村上春树端着一杯 Blue Margaret，音箱里流淌出低音部分很能带动情绪的蓝调。而如今，与音箱匹配的场景是未来感，音箱作为智能管家，通过语音进行人机交互。目前国内进入音箱市场的公司主要有三类：一是以喜马拉雅"小雅"为代表的内容基因的公司，它们和传统音箱最为接近，但内容的智能播放提升了用户在聆听场景下的交互体验。二是包括 Rokid、出门问问、BroadLink 等在内的智能公司，在它们的产品里，音乐播放只是众多功能之一，更多的亮点在语音交互、连接智能家居上。三是小米、阿里、京东、联想等大公司，它们背后有着庞大的商业生态系统。

商业生态系统背后对应的是商业模式中的重要合作。供应商与合作伙伴为了商业模式的有效运作而构建起合作网络。与京东人工智能音箱有关的重要合作是什么？重要合作的结果又表现为什么呢？

4.1 确立行业标准

2017 年 4 月 20 日，北京灵隆科技有限公司（京东与科大讯飞合资公司）发布了《第三方平台接入叮咚语音交互系统用户体验标准》（以下简称《标准》），这也是我国首个在智能语音领域针对第三方服务和内容产业接入语音交互系统的开发标准。该《标准》对语音交互产品体验有重要的指导意义，让语音交互更符合用户的使用习惯。对于未来将接入语音交互接口的第三方服务和内容产业来说，能够帮助它们以最快的速度、最简洁的方法接入语音交互接口，带给用户最优的体验。

（1）语音交互被视为人机交互的入口

2017 年，人工智能首次被写入政府工作报告。在人工智能领域，语音交互被视为人机交互的入口。未来与智能家居、可穿戴设备、机器人等沟通，语音将是最佳的人机交互模式。

目前，智能音箱、智能电视等智能硬件都开始尝试接入语音交互系统。在此方面，科大讯飞不仅是中国语音产业的拓荒者，也是世界语音产业的领军者。叮咚智能音箱作为国内首款智能音箱，充分发挥了科大讯飞出色的语音和人工智能技术优势及京东在智能产业链方面的优势。《标准》是基于叮咚智能音箱用户常年的体验反馈和科大讯飞的技术积累制定的。

（2）语音交互的核心：识别用户的语义和意图

《标准》进一步明确了人机交互的反馈流程和设计标准，其中定义了智能语音交互的两个关键指标，即"语义"和"意图"，通过语义和意图的转化来完成交互的核心步骤。

当前，主要的人机交互模式是界面交互，通过一对一的指令沟通。语音交互则不同，由于地域不同、文化不同、表达习惯不同，在人机交互过程中往往是多对一的指令沟通。也就是说，同一种意图在用户那里会有多种表达方式，这就要求语音交互必须大量学习人们的日常语言习惯，甚至做到理解用户的"弦外之音"。这对机器来说无疑是巨大的挑战。

在语音交互流程设计及体验中，北京灵隆科技有限公司研究的主要是识别用户的语义和意图、反馈用户语音需求、处理人机对话错误三个方面。对于研究成果，《标准》的第三部分做了进一步阐述，对如何更好地识别用户意图、如何将信息更好地展现给用户和如何更好地处理对话中的错误进行解释，并配以实例，整个报告内容清晰、易读易懂，为第三方服务接入提供了切实可遵循的规范标准。

灵隆科技研发中心负责人周正友在《标准》发布会上以游戏

接入为例，说明《标准》如何明确地指出用户需要怎样的回答。

用户："叮咚叮咚，我想玩一下音乐游戏厅。"

较好的回答："您好，欢迎来到音乐游戏厅，我们现在有：我爱记歌词、猜猜大明星、趣味哼唱，您想玩哪一个？"

不好的回答："您好，欢迎来到音乐游戏厅，我们现在有：我爱记歌词、猜猜大明星、趣味哼唱，请您在以上三个选项中选择。"

（3）叮咚智能音箱捅破智能语音交互时代的窗户纸

灵隆科技营销副总裁方律表示："就智能语音交互在家庭场景中的应用来说，行业大规模爆发的核心在于：第一，产品接入的服务足够全面和丰富，可以满足用户在该场景下的各种需求。这个目前叮咚已经做到了。第二，用户体验可以突破可用这层窗户纸，达到易用和好用的状态。本次我们发布的用户体验优化标准就是出于让所有的第三方服务的语音交互更好用的目的。目前，我们对所有第三方应用的合作方都采取开放的态度，希望越来越多的服务 / 功能的开发者能够接入叮咚的平台，为用户输出更多、更丰富的内容和服务。"

4.2　建立智能音频行业联盟

2017 年 9 月 14 日，在京东发起的"语声聚来，智造可能"京东智能音频联盟升级发布会上，京东宣布将携手腾讯、百度、今日头条、科大讯飞、哈曼、飞利浦等上百家互联网企业和设备厂商组建智能音频行业联盟，并上市了代表中国智能音箱最高水平的叮咚 2 代产品，用融合了技术、内容、服务的智能服务平台和标杆产品，定义了智能音箱的中国模式。

2017 年易观发布的《中国智能音箱产业发展分析报告》指出：智能音箱是软硬件结合的产品，在音箱产品之外，内容服务、O2O 服务以及对智能家居的控制成为衡量产品价值的重要指标。在国内，京东以 Alpha 智能服务平台和叮咚智能音箱为中心，整合生态资源，加强联盟合作，建立了中国智能音箱市场的标准模式。

京东集团副总裁黎科峰表示，技术赋能商业的时代已然到来，智能音频行业联盟的成立，建立了智能音频领域的商业模式，这将打破智能音频领域的技术和品牌壁垒；历经市场和消费者考验的 Alpha 智能服务平台全面对外开放，并通过组建智能音频行业联盟的方式打造智能硬件行业的产业链闭环，搭建起传统企业智能化以及初创企业走向市场的桥梁，全面带动智能行业的发展，最终形成可持续发展的智能生态系统。

4.3 建立基于服务的生态系统

2018 年 1 月 17 日，在 2018 京东无界营销峰会"声而无界"分会场，京东集团副总裁黎科峰花了颇长时间再次介绍京东无界零售以及线上线下革命。

之后，京东宣布联合安佳、美赞臣、欧莱雅、农夫山泉、施华蔻、宝路、伟嘉、苏菲、洋河、蒙牛十大消费品牌举办"声而无界"AI 家庭助手发布会，共同发布了十款品牌定制版京东叮咚智能音箱，全面覆盖美妆、母婴、健康、宠物、美食五大场景（见图3-3和图3-4）。每一个品牌专属的叮咚智能音箱都新增了该品牌所在领域的专业知识，让消费者在每一个有需求的场景中都能获得更加个性化的专业内容与服务。

图3-3　京东AI家庭助手

资料来源：搜狐科技，http://www.sohu.com/a/217305029_160543.

图3-4　语音育婴助手、语音美妆助手、语音宠物助手

资料来源：搜狐科技，http://www.sohu.com/a/217305029_160543.

京东宣称，要借助此次合作让叮咚智能音箱成为全能型AI家庭助手，在智能音箱行业率先拓宽产品的应用边界，让更多用户喜欢这款智能产品。

除了上面提到的品牌商品供应商，叮咚智能音箱还继承了数百种第三方应用。这些应用提供商包括九个大类：游戏、生活、新闻、娱乐、教育、朗诵、健康、财经、智能家居（见图 3-5）。

图 3-5　叮咚 AI 平台第三方应用

资料来源：叮咚开放平台.

除了人工智能技术提供商、品牌商品供应商、内容提供商外，京东还集成了大量的音频设备生产厂商，包括飞利浦、漫步者、哈曼、猫王、索爱等。至此，京东在人工智能音箱领域构建起了一个由京东人工智能平台、家庭大众消费者、品牌商品供应商、人工智能技术提供商、内容提供商和硬件设备提供商组成的商业生态系统。

4.4 联盟的效应

在这个人工智能音箱的生态系统中，叮咚智能音箱可以根据
用户与叮咚的交互习惯以及对某类内容的高频需求，智能化地将
自身 1 000+ 的技能进行重新排序与组合，为用户创造场景化服务
体验。例如，针对准妈妈或宝妈群体，叮咚智能音箱会自动推荐
专车、家政等服务；针对美食爱好者，叮咚智能音箱会推荐掌厨、
肯德基、必胜客外卖等服务；针对健康关注者，叮咚智能音箱会
自动推荐 Keep 等应用程序，还可以为用户定制运动、减压歌单
等；针对有需求的品牌商，叮咚智能音箱还可以为它们直接或联
合开发新的技能，为用户提供更丰富的场景化体验。

此外，京东为定制款叮咚智能音箱提供线上销售专区，给予
品牌商专属优惠价格；售出的叮咚智能音箱中会内置该品牌商在
京东的促销优惠券，让用户以更优惠的价格购买该品牌商品。合
作伙伴也会将专属叮咚智能音箱放到线下门店进行展示，让叮咚
智能音箱担任店面咨询导购，方便消费者咨询和进店体验。

在流媒体音乐的需求巨大和版权集中管理的条件下，行业内
各大音乐平台盈利能力显著提高。音乐流媒体平台盈利的主要方
式有广告和用户付费两种，用户购买会员服务和购买相关硬件产
品属于后者。相对于广告，用户付费才是数字音乐流量变现的成
熟选择：音乐单曲时长通常在 5 分钟左右，不同于视频产品，广
告难以植入。

智能音箱市场不仅注重硬件销量，更注重从持续增长的安装量中发掘新的盈利模式。盈利模式有很多，可以是适量的广告、内容订阅服务（比如音乐订阅）、高级会员服务、企业解决方案等。智能音箱的技术仍在进步，多方的投资也会助力其发展。

综上所述，京东人工智能音箱的合作伙伴可分为四种类型：品牌商品供应商、人工智能技术提供商、内容提供商和硬件设备提供商。

叮咚智能音箱的三种合作关系包括非竞争者之间的战略联盟关系（品牌商品供应商、内容提供商）、为开发新业务而构建的合资关系（人工智能技术提供商、内容提供商）和确保可靠供应的购买方–供应方关系（硬件设备提供商、内容提供商）。这三种合作关系包含三种关键的合作动机：商业模式优化和规模经济、风险和不确定性的降低、特定资源和业务的获取。

❺ 未来之路：从 Alpha 平台到 NeuHub 平台

2018 年 4 月 15 日，2018 "智汇京东·开放共赢" 京东人工智能创新峰会召开，京东正式对外发布人工智能开放平台 "NeuHub"。NeuHub 平台主要围绕自然语言处理、语音交互、计算机视觉等方向，提供京东智能客服解决方案。相关客户包括叮咚、vivo、三星、达达、华为、长虹等。京东介绍了以三大主体、七大应用场景、五个人工智能产业化布局方向为支架的京东 AI

体系。

京东集团副总裁、AI 平台与研究部负责人周伯文发表题为
"AI 改变世界，我们改变 AI"的演讲，称京东将通过算法研究院
强大的技术研究能力，创造一些以前从来没有过的技术能力。周
伯文表示：京东 AI 开放平台将通过建立算法技术、应用场景、数
据链间的连接，构建京东 AI 发展全价值链，实现 AI 能力平台化。
京东在人工智能方面将致力于通过提供整体的解决方案来赋能传
统行业，这也是京东首次向外界展示自己在 AI 领域的战略发展
方向。

刘强东曾表示，未来的零售业态中，目前大部分人的工作完
全可以通过人工智能加机器人的方式完成。京东 AI 开放平台的目
标是通过优化零售的成本、效率和体验三大要素，重构零售中人、
货、场的分布和组合，打造真正的无界零售。

NeuHub 平台之所以能够赋能场景，主要在于京东从技术深
度、受众广度、业务宽度三方面提供的平台战略支撑。在技术深
度上，顶级技术领军人物加盟，验证多项落地性的技术，开展国
家战略级产学研合作项目。在受众广度上，作为普惠性开放平台，
不同角色均可找到适合自己的场景，例如用简单代码即可实现对
图像质量的分析评估。在业务宽度上，科研人员、算法工程师不
断开发出新的 AI 技术以满足用户需求，并深耕电商、供应链、物
流、金融、广告等多个应用领域，探索医疗、扶贫、政务、养老、
教育、文化、体育等多个应用领域，聚焦新技术和行业趋势研究，
孵化行业最新落地项目。

纵观京东人工智能音箱的商业模式，可以发现，令该模式成功的关键资源、关键活动、关键合作都指向叮咚后台强大的人工智能平台，平台将该商业模式的利益相关者或资源持有者连接在一起，彼此输出各自的资源，各类资源抽象为服务在平台中以各种形式进行交换，共同创造新的价值主张，每个资源持有者均有所获，这是一个典型的以服务交换为基础的生态系统。

第 4 章

无界之境：基于 Alpha 智能 服务平台的京东创新生态系统构建 ①

2019 年 5 月的一天，在京东"6·18"购物节即将到来之际，京东 CTO（首席技术官）与京东平台研发部负责人一起对新的智能硬件、智能家居、智慧出行方案等进行分析，这些新的智能产品是九阳、格力、滴滴出行和掌厨等公司利用京东的智能服务平台开发的。京东的智能服务平台将各种场景集成在一个智慧大脑中，推动各种智能化硬件和控制智能化的中心所形成的创新生态系统不断进化，京东"6·18"也是对京东智能新产品的大阅兵，这些智能新产品在不断改变和创新我们的生活方式。

京东着力构建基于 Alpha 智能服务平台的创新生态系统，为不同创新主体创造条件。在 Alpha 智能服务平台上，已经开发出通过图像识别技术实现食品管理、自动补货的智能冰箱；实现语音交互、家居控制，成为生活助手的智能音箱；让用户边看边买，并成为家庭智能家居控制中心的智能电视……这些常常在科幻电影中看到的高科技产品和场景成为现实。Alpha 智能服务平台还

---

① 本案例由西北大学经济管理学院张洁、李纯青（通讯作者）、张宸璐撰写。

让用户多了个贴身管家，平台上集成了多种内容和服务，如视频、新闻、百科、天气、交通等，拥有 Alpha 智能服务平台即可享有多项服务。

Alpha 智能服务平台的创新生态系统中有大数据、语音、自然语义理解、图像识别等技术，可一秒看穿用户的心思，让用户不再为选择发愁。用户想吃什么？想去哪里吃？走哪条路不拥堵？哪里有可以带宠物的餐厅？ Alpha 智能服务平台通过精准的数据和算法，为用户推荐最能满足需要的服务。借助 Alpha 智能服务平台上的 Joylink 协议，各种硬件开发商在平台上共同缔造家电联动创新生态，目前 Alpha 智能服务平台成功为 60 多个品类、100 多个品牌、1 000 万＋智能设备赋予互联互通能力，实现设备间跨品牌、跨品类的智慧联动，实现了多场景多终端的终极服务架构。

❶ 京东布局智能生态

"变"是这个时代不变的主题，需求环境和技术环境快速更迭，商业范式快速更替。京东的战略也在不断革新，未来京东会从"一体化"走向"一体化的开放"，同合作伙伴一起提供零售即服务解决方案。

1.1 京东寻求不确定性环境中的机会

未来无界零售的环境会趋于 VUCA 化——变得极其不稳

定（volatile）、不确定（uncertain）、复杂（complex）和模糊（ambiguous）。消费者越来越追求个性化的产品和服务，传统销售预测工具的准确率会大不如前；零售的场景会越来越分散化、碎片化，对入口和流量变化的预测会越来越困难；跨界越来越普遍，零售与其他行业相互渗透，竞争与合作的规则变得更加复杂，对成功因素的判断也更为模糊。随着电商环境越来越成熟，社会物流的水平不断提高，零售数据的沉淀日益丰富，基于数据的服务层出不穷……零售基础设施不可同日而语。未来不再依靠一体化整合的模式，而是依靠平台化、网络化，构建创新生态系统以超越规模经济。

不确定性环境中充满了机会，为商业的发展提供了空间。为了应对不确定性环境的变化和利用各种机会，京东早在 2014 年就开始布局智能生态，刘强东认为，智能硬件领域是个新兴行业，有可能让市场上所有传统的品牌商和产业进行一次大的洗牌。未来，京东所有的产品都将是有智慧的智能产品。

京东集团副总裁黎科峰领导团队进行战略规划、产品创新和生态系统开发，致力于通过前沿技术打造新一代电子商务购物体验，他认为："在场景化服务时代，各自为营的行业形态和产品无法真正为消费者提供便利，智能服务平台强大的技术支持和数据分析能力是终端产品在场景化服务中不可或缺的条件。"京东针对行业各方在不同环节面临的痛点和行业短板，构建多场景、多终端的智能商业战略，实际上就是利用 Alpha 智能服务平台打破"智能孤岛"，通过"终端 + 数据 + 内容 + 服务"的智能商业模式，搭建起传统企业智能化以及初创企业走向市场的桥梁，联合更多产业链中的技术、内容、服务合作者，全面带动智能行业的发展，实现多方优势互补，打造合作共赢的多场景、多终端智能商业生态系统。

1.2　京东创新生态系统的构建历程

2014 年京东宣布开始布局智能服务创新生态系统。

2016 年 3 月 10 日，京东智能正式发布京东微联"智慧家"战略。京东微联"智慧家"将通过京东微联开放的智能生态，为家装、地产、集成商等带来语音控制、互联互通、场景化模式、远程控制、第三方服务等多种可扩展的智能家居解决方案，同时通过与家装、地产、集成商的合作为消费者提供一站式、便捷的智能家居落地体验。

2017 年 5 月 22 日，京东 & 美的智能冰箱正式上市销售，随后，京东联手 18 家冰箱厂商组建智能冰箱联盟，京东 & 格力晶弘智能冰箱、京东 & 美菱智能冰箱、京东 & 海信智能冰箱、京东 & TCL 智能冰箱等陆续上市销售。

2017 年 6 月 7 日亚洲消费电子展上，京东首次发布基于开放、赋能理念的 Alpha 智能服务平台。

2017 年 11 月，京东与康佳和乐视分别联手研发的两款智能电视问世，与海信、三星、小米等近百家厂商和其他行业伙伴组建了"智能大屏产业联盟"，致力于让智能大屏产业搭上物联网快车，给消费者带来更多价值。

2018 年 1 月 24 日，Skill 开放平台升级上线，平台在整体功能、视觉、交互、体验、使用便利性等各方面均有大幅提升。

2018 年 4 月 15 日，京东正式对外发布人工智能开放平台 NeuHub——以三大主体、七大应用场景、五个人工智能产业化布局方向为支架的京东 AI 体系。其中，三大主体分别是 AI 研究院、AI 平台部及 AI+ 创新部。

2018 年 12 月 4 日，小京鱼智能服务平台整合原有的 Alpha 智能服务平台，引入京东的人工智能与大数据能力。如今，小京鱼智能服务平台不仅聚焦原有的智能硬件、智能家居、智慧出行方案，还拓展至更多场景。

❷ 平台构建：创新生态系统初具雏形

2.1 基于 Alpha 智能服务平台的智能冰箱创新联盟

早在 2014 年，在智能冰箱领域，京东和美的就开始接触，计划联手研发智能冰箱。随着智能时代的到来，各大冰箱制造企业都努力在产品智能化道路上取得突破。不少厂家推出了自己的智能冰箱产品，但各自为政，既不成体系也不成气候，结果成为"智能孤岛"，无法真正为消费者提供便利，反而增加了使用者的操作难度。

面对冰箱行业智能化变革改造的现状，美的选择采用 Alpha 智能服务平台的"智能显示交互"和"图像采集系统"硬件模组方案。Alpha 智能服务平台还整合 Android OS 底层优化实现智能软件解决方案，向美的提供自主研发的图像识别技术。此外，Alpha 智能服务平台还针对厨房、生鲜等独有的场景特点完善后台运营管理服务，更精准地将食品推送给目标客户，打通生鲜食品的供应链；免费提供来自腾讯、喜马拉雅、掌厨的稳定优质的内容资源。Alpha 智能服务平台迅速帮助美的进军智能冰箱领域，弥补了传统冰箱行业缺乏智能技术和运营的短板。

2017 年 6 月，京东与格力强强联手，将 Alpha 智能服务平台的"智能识别"能力与格力创新的"瞬冷冻"保鲜技术相结合，共同研发出国内领先智能冰箱产品。格力在 Alpha 智能服务平台的助力下宣告正式进军智能冰箱领域。之后，京东联合 18 家冰箱厂商组建智能冰箱联盟，并向联盟成员提供 Alpha 智能冰箱解决方案，助力传统冰箱行业智能化转型升级。

Alpha 智能服务平台是智能行业背后的能力支撑和连接器，将技术、场景、设备、人与服务无缝连接，在为硬件设备或应用提供智能化快速通道的同时，也让第三方服务商获得触达用户的新渠道。Alpha 智能服务平台通过大数据、物联网、电商系统服务、语音技术、图像识别、创新支付等模块化的技术赋能，让智能设备获得视觉、听觉、表达和学习的能力。通过用户与 Alpha 智能服务平台互动产生的宝贵数据，进一步提升产品功能和服务能力，让用户在各种终端使用过程中能更自然、更顺畅地享受影音娱乐、便捷购物、搜索信息、家居控制等多种服务。Alpha 智能服务平台让第三方服务和内容通过设备延伸到满足用户需求的各个场景里。

2.2 不同智能设备领域的创新生态系统

除了智能冰箱领域，京东还与 JBL、漫步者、创新、安桥、丹拿等国内外音频硬件生产厂商联合推出 6 款合作产品，加上叮咚自主品牌产品，共计 13 款智能音箱产品上市销售。2017 年 9 月份京东联合了几乎覆盖半个互联网圈的合作伙伴共建智能音频行业联盟，同时以 Alpha 智能服务平台和叮咚智能音箱为中心，塑造了中国智能音箱市场的标准模式。

对于腾讯听听音箱在京东首发，行业专家表示，智能音箱作为科技巨头布局智能家居的重要工具，选择在京东首发，除了看中京东新品首发频道优质的渠道和营销资源外，也与京东在技术赋能上更灵活更开放有关。京东早在几年前就布局智能音箱产品——叮咚智能音箱，随着产品的不断迭代和技术的优化，京东在智能语音技术及互联网内容和应用上也拥有丰富的资源，帮助很多传统音箱企业快速实现了智能化。

京东与腾讯一直以来的深入战略合作关系，也是业界对腾讯听听音箱在京东首发充满无限想象的重要原因。值得关注的是，2018 年 4 月 17 日京腾计划再次宣布升级到 3.0 版本，双方将在数据、场景和链路三方面进一步深化升级合作内容。基于此，通过腾讯听听音箱的发布，京东将自身长期以来在智能音箱上的资源赋能给腾讯听听音箱，帮助腾讯听听音箱完善产品和服务，共同发力，在智慧生活圈的构建上抢占赛道优势。

2.3 创新生态系统不断完善

创新生态系统的核心在于开放和共同进化，因此，Alpha 智能服务平台的核心在于开放。作为京东实现多场景、多终端智能商业生态系统的核心平台，Alpha 更强调平台的开放性。凭借京东多年的技术积累、强大的电商整合、服务和渠道优势、完整的智能领域布局，Alpha 智能服务平台拥有四大核心能力：智能技术、互联互通、优质服务、渠道支持，并且全部开放给行业，在智能硬件领域打造了完整的一体化应用方案。基于多方合作共赢的生态理念，Alpha 智能服务平台将通过开放 Alpha Open API，以云端接入或定制化开发的方式为冰箱、电视、音箱、汽车、机器人等多种硬件设备终端开放赋能，同时还支持第三方开发者的能力接入。

京东自主研发的拥有近 200 项核心专利的 Alpha 智能服务平台由集成和开放网关、底层支持系统、能力中心三个主要部分组成。Alpha 智能服务平台拥有领先的人工智能技术、优质的互联网内容与服务、应用语音和图像等创新型人机交互方式，通过赋能终端设备和软件应用，为合作伙伴提供模块化智能解决方案。京东不断将自身业务拆分成标准化、组件化的灵活模块，从过去垂直一体化的服务模式，转向把每个垂直环节都独立开放，最终形成一体化开放的创新生态系统。

在技术层面，Alpha 智能服务平台由大数据、物联网协议、电商系统服务、语音技术、自然语义理解、机器学习、图像识别、创新支付等技术模块组成。在内容和服务方面，Alpha 智能服务平台拥有过亿影音、百科问答等内容资源，整合数百种优质服务资源，覆盖购物、出行、影音、知识教育、新闻资讯等多个生活服务场景。这些模块可以像积木一样按照用户、合作伙伴的诉求，基于数据，依据场景来组合，让合作伙伴共享京东人工智能的能力，为消费者打造场景化购物体验。

行业相关人士认为，Alpha 智能服务平台这种一体化的开放打破了以往的垂直行业和产业链壁垒，将硬件生产商，内容供应商，生鲜、日百品牌商联合起来，全产业链通力协作，打造包容、共赢的智能生态环境。

Alpha 智能服务平台上的核心能力物联网协议 Joylink，已经成功为 60 多个品类、100 多个品牌、1 000 万＋智能设备赋予互联互通能力，实现设备间跨品牌、跨品类的智慧联动，为场景化服务奠定基础，目前应用涵盖家庭场景、商业场景、零售场景等。Alpha 智能服务平台已经构建了三大平台系统：IoT 开放平台、Skill 开放平台和 AI 赋能平台。

提供智能解决方案、开放技术和数据的，京东并不是唯一一家，但 Alpha 智能服务平台的特别之处在于，一方面，它基于京东扎实的技术积累和实践，开放之初就已经是一个技术成熟、资源丰富、应用广泛的平台，让合作伙伴可以放心使用；另一方面，它基于京东对未来无界零售的前瞻性思考，充分考虑到智能生态的多样性和多元化，实现了菜单化，功能强大、种类丰富的各种

"积木"为不同合作方、不同场景化需求、不同商业化诉求提供了定制化、可选择的智能解决方案。

❸ 无界之境：创新生态系统不断成长

在无界零售时代，行业融合不断加剧。过去，当行业边界相对固定时，零售行业的价值空间也相对固定。在这样的背景下，产业上下游之间的关系往往是对立的——因为总量不变，价值只能在产业上下游间转移，结果必然是"你多我少"，企业在一场零和游戏中争取更大的份额。

而无界零售带来的最大不同是：未来的商业游戏不再是零和游戏。由于产品整合了商品、服务、数据、内容等要素，产业与产业的融合也产生了额外的价值。京东构建的创新生态系统横跨多个行业，京东将与其他公司共同提升创新能力。通过合作与竞争，开发新的产品，满足顾客的需要，进行下一轮的创新，为商业的未来发展提供了空间。通过后端的数据加成、算法迭代与前端的场景联动、无缝连接，消费者可以随时随地满足其随性的需要——精准、即时。对消费者来说，节约了大量搜索和选择的成本，获取的产品更符合心意；对供应商来说，节约了大量营销和试错的成本，产品的交付也更加有效率。这都是由于跨界而产生的价值，是从零售到无界零售的价值。这不是价值的转移，而是价值的跃迁（见图4-1）。

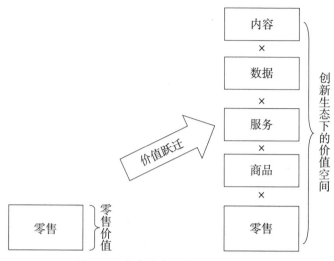

图 4 - 1　创新生态系统中的价值跃迁

　　显然，无界零售并不是一场零和游戏。如果仍然抱着"你赢我输"的心态，无疑是对未来的辜负。对于未来，京东看得非常清晰的一点是：去中心化是大势所趋，客流和流量的巨无霸将不复存在。而流量去中心化的背后其实是商业民主化进程的步步推进，企业必须更加开放，与更广阔的商业环境融为一体。在流量去中心化的大势下有两种选择：一是引流，将不断涌现的新流量入口吸引到自己的平台上，为平台繁荣服务；二是赋能，将自身的能力开放，不以流量为目的，帮助新的流量端做大做好。毫无疑问，后者才是更符合商业发展趋势、有助于整个零售产业可持续发展的选择，这也是京东构建创新生态系统的战略选择。

3.1 积木理论：开放创新的组合型生态系统

刘强东提出了"积木理论"，即京东所拥有的资源和能力将不仅仅服务于自身平台，而是通过模块化，解除业务环节之间原先的强耦合关系，将业务活动打包成独立、可复用的组件，通过平台化形成稳定、可规模化的产品，开放给外部的合作伙伴使用，将自己多年形成的能力赋给生态伙伴。京东的基础设施服务包括物流、数字流、信息流、资金流等，我们会看到"积木超市"中一步步出现金融板块、物流板块、技术板块……

正是因为京东曾经努力深入每个零售链条，打造了完整的内部资源、架构和技术，才能切分出一块块功能强大的积木模块，组合成 Alpha 智能服务平台。

3.2 积累优势，合纵连横，掌握话语权

在过去的十几年里，京东通过打造 B2C 自营电商和建立自有物流体系，将服务体验做到极致。在这一过程中，京东为零售运营和服务打下了基础——最有活力的会员运营体系、最广泛的营销触达网络、最复杂的 SKU 管理系统、最高效的物流服务、最完整且覆盖价值链最长的零售数据等。未来，京东会从"一体化"走向"一体化的开放"，这些能力都会与外部的品牌商、零售商、信息 / 内容服务商、专业服务商、微商等分享，服务于更大范围的无界零售合作伙伴。京东会成为创新生态系统中的领导者与赋能者，与合作伙伴共创共赢。

Alpha 智能服务平台负责人袁晓春说："人工智能时代，语音交互将成为核心交互方式，在新的交互平台上，平台级和应用级的入口正在形成。"Alpha 智能服务平台在语音识别技术上与科大讯飞、英特尔有合作，在平台资源上则与各大巨头均有交集。腾讯、百度、奇虎 360、携程、去哪儿等互联网头部品牌基本上都在Alpha 智能服务平台上，未来，Alpha 智能服务平台所有的服务、应用都会向联盟合作伙伴、向多场景多终端开放。京东集团副总裁黎科峰认为，智能音频联盟各方加强合作，建立了智能音频领域商业模式，将打破智能音频领域的技术和品牌壁垒。各方更多是"你中有我，我中有你"，对产品的理解、渠道、与硬件合作方的关系是京东的优势，但其他各方在技术平台、语音能力、内容等方面也有诸多优势。

百度音乐商务总监刘小北谈及其与 Alpha 智能服务平台的合作时说，百度音乐与京东更多的是版权方面的合作，"坦白来讲，移动互联网上，想翻身很难，百度音乐现在也不是老大哥，现在很多的用户未必认可我们，所以要探索新渠道，与叮咚这种人工智能做一些结合，这是另外一个系统，不一样的交互模式"。

合作风险犹存，特别是在百度、腾讯均有类似项目的时候。袁晓春认为："Alpha 智能服务平台具有种种优势，其落地产品智能音箱在智能互联网设备业界非常领先，同时，京东在智能家居、硬件上拥有渠道优势，且背后沉淀着海量数据。种种优势叠加，增大了京东在平台合作中的话语权。"

基于 Alpha 智能服务平台的京东创新生态系统将在以下方面

不断积累优势：

（1）技术平台支持

Alpha智能服务平台可以给所有智能设备提供大数据、物联网协议、电商系统服务、语音技术、自然语义理解、机器学习、图像识别、创新支付等"软硬兼施"的技术赋能，让智能设备获得视觉、听觉、表达和学习的能力。Alpha智能服务平台建立了中国最完备、最便捷的AI开发者平台，全面赋能智能音频行业，面向服务开发者、内容开发者、智能硬件生产者和智能应用开发者，开放深度学习、自然语言处理、搜索/推荐算法等核心技术。

（2）丰富的京东电商渠道

厂商的设备在搭载Alpha智能服务平台提高产品竞争力的同时，借助京东丰富的上下游渠道与营销策略，迅速提高知名度与销量。

（3）京东大数据支撑

借助京东大数据与用户画像，精准定位用户喜好，提供最具优势的大数据分析，助力企业有效开展业务，协助厂商改进产品，提升用户体验。基于用户画像，为用户精准推荐更多增值服务。

（4）强整合能力

快速高效接入产品，实现产品智能化；能够使不同品类、不同品牌间的设备实现互通互联；定制不同的应用场景，实现一手掌控的生活。Alpha智能服务平台针对不同设备提供定制化的开发，轻松满足音箱、电视或其他种类设备智能化升级的需求。

（5）降低研发成本

基于云端、软硬件支持资源，解决合作伙伴的基础研发需求。在云端快速部署和交付应用，减少系统建设和运维成本；提供软硬件 demo，降低开发成本；联合模块、芯片厂商生产出更高质量的设备，提升设备的市场优势。

3.3　不断迭代进化

由于充分的积木化，Alpha 智能服务平台保持了高速迭代和进化，新的功能、新的模式会用模块化的方式加入进来，第一时间带给合作伙伴更精彩的创新空间。这也正是积木模式的特色所在：每个企业只需要做好自己最擅长的，组合而成的积木就具有更高的价值。在模式上 Alpha 智能服务平台力求同合作伙伴共赢，与合作伙伴共享收益，为合作伙伴在不同阶段带来最适合的商业机会。除了为赋能的智能设备提供营销、市场、销售等全链支持，Alpha 智能服务平台还通过运营交易分佣、新场景流量分发、搭建全新交互场景广告投放平台等多种方式为合作伙伴带来全新的盈利模式。

基于京东对未来无界零售的前瞻性思考，在充分考虑智能生态的多样性和多元化的情况下，功能强大、种类丰富的各种积木可为不同合作方、不同场景化需求、不同商业化诉求提供定制化、可选择的智能解决方案。愈发强大的 Alpha 平台作为一种零售基础设施，通过开放赋能，打造了更加丰富的无界零售模式。在智能技术和京东服务的双轮战略驱动下，Alpha 智能服务平台将成为京东对外提供的核心积木——基础设施的提供方，在接下来的第四次零售革命浪潮中创造无限可能。

正如刘强东所言，零售的未来是共生、互生、再生的世界。零售生态的每个参与者通过不同的积木组合高效合作，演化出无界零售的无界场景。零售行业也将有机会告别低层次的同质化竞争，形成差异化竞争的新游戏规则，该规则将在零售生态中发挥不可替代的作用，或许这就是第四次零售革命崭新的未来。

2015 年京东制定了未来三年为上百家企业提供孵化、加速以及智能解决方案落地服务的目标，随着 JD+ 计划的进一步落地实施，会有更多合作伙伴的产品相继发布。Alpha 平台吸纳硬件、服务、内容各方合作伙伴加入，通过京东的人工智能技术、优质的互联网内容与服务、应用语音和图像等创新型人机交互方式，赋能终端设备和软件应用，为合作伙伴提供模块化智能解决方案。

刘强东 2018 年 2 月在公司内部信中表示，新的一年将加大在 ABC 等技术领域的投入，A（AI）、B（big data）、C（cloud computing）将是京东对外合作赋能的核心，为京东的创新与国际化战略打下坚实基础。京东集团副总裁、AI 平台与研究部负责人周伯文揭开了 A 战略的神秘面纱——AI 开放平台 NeuHub。NeuHub 平台由模型定制化平台和在线服务模块构成，如计算机视觉、语音交互、自然语言处理等在线服务模块。通过建立算法技术、应用场景、数据链间的连接，为各行各业赋能。发布 AI 开放平台的同时，京东也宣布了 AI 加速器项目，京东将甄选 10 ～ 15

家全球优秀的 AI 创业公司，在 3 个月内快速接入京东体系。

2018 年 12 月小京鱼智能服务平台整合 Alpha 智能服务平台，面向智能行业全面开放，赋能智能硬件、智能家居、智能车载等领域，提供"技术 + 服务 + 渠道"的一站式智能解决方案。

❹ 未来之路

未来的创新生态系统模式已经凸显，大企业扮演创新生态系统构建者与创新平台搭建者的角色也成为一种趋势。最有创造性和进取性的公司在开发这片广阔的领域，用新的生态系统转换角色。在新的秩序中，京东正在形成具有结合力的创新生态战略。嵌入京东创新生态系统的多元创新主体，正在与京东一起构筑开放、合作、共赢的商业系统。与此同时，BAT 创新生态系统，海尔、科大讯飞、美的等智能家居创新生态系统也在不断进化与发展，京东创新生态系统需要不断进化和成长，也将面临更多的挑战。

首先，相对于一些家居企业如海尔、美的等构建的产品丰富且多元的创新生态系统，京东主要聚焦用户的数据和价值链前端的信息。京东如何利用关键优势掌握创新生态系统中的话语权？要扮演创新生态系统的基石角色，京东的关键能力还需要不断提升。

其次，多样化是创新生态系统持续成长的重要驱动力，因此，一方面需要增加创新主体的多元化，另一方面需要促进平台中企业多元化的合作。京东如何不断推动创新系统的网络联结和网络规模扩大？提升创新生态系统中不同主体的创新能力，促进网络效应的发挥，促进创新生态系统的不断成长，形成具有弹性、可变性和抵御商业颠覆者的商业生态系统，是大企业面临的挑战与需要承担的责任。

第二篇

组　　织

第 5 章

最"强"大脑进化之旅：
京东的组织变革 ①

京东自 1998 年成立以来，经历了多次战略转型与组织变革。

❶ 京东战略发展演变与关键决策

京东 20 多年来走的是一条坎坷但充满创新的自信之路——从光磁产品起家到多媒体网站上线，再到成功改版成为京东商城，由电子商务领域创业实验田逐步开疆辟土成为全品类电商平台，再到为了极致顾客体验不惜逆势而为自建物流……这一路走来，有成功的喜悦，也有亏损的担忧，更有金融危机下的煎熬。据统计，2009—2011 年，京东一直处于亏损状态，但京东一直步履不停，不断进化，强者自强。

1.1 塞翁失马："非典"下的转型决策

1998 年 6 月，24 岁的刘强东带着积攒的 1.2 万元在中关村租

---

① 本案例由西北大学经济管理学院谭乐、李纯青（通讯作者）、张宸璐撰写。

下 4 平方米的柜台，成立京东多媒体，开始了传统零售企业的发展道路。这一年，正值互联网进入中国的探索期和启蒙期，网络、在线支付、物流服务、相关政策等电子商务发展的基础条件都不健全，网民仅有几百万人。这一年，谷歌刚刚诞生，阿里巴巴未见踪影。尽管后来逐步涌现出以 8848、阿里巴巴、当当网等为代表的一批电子商务企业，但随着 2000 年互联网泡沫破裂、大批企业倒闭，中国电子商务市场经历了一段较为漫长的"冰河期"。

电商的风起云涌大起大落，都与刘强东及京东多媒体无关，刘强东依然专注于他的线下生意。只是，他的做法与中关村众多卖家有所区别：坚持卖正品行货；坚持低价且明码标价；坚持好服务。但是，2003 年一个突发事件将京东推向了一次生死攸关的转型——试水电商，这一突发事件就是"非典"。当时，"非典"笼罩大江南北，街头人影寥寥，完全依靠客流量的零售业迎来了凛冽寒冬。当时，京东多媒体账面有 2 000 多万元资金，但"非典"爆发仅 21 天，京东就亏了 800 万元。

刘强东不想让自己的员工感染"非典"，于是临时把 12 家店全部关闭。几个经理待在办公室每天都在思考怎么渡过难关。有一天，一个经理突然说："既然我们不敢跟客户见面，为什么不在网上卖东西呢？这样不需要跟客户见面就可以完成交易，也没有感染'非典'的风险……"

说干就干！刘强东开始尝试在网上售卖 IT 类产品，京东的经营模式转向线上线下同步销售。2004 年底，对线上线下销售数据做了详细分析后，大家发现线上销售方式的供应链成本更低，效率更高，用户体验更好。刘强东在一次会议上说："我认为电商一定是未来零售的一个形态。"于是在 2005 年，刘强东和团队成员商议之后，以壮士断腕的决绝，关闭了尚在盈利的线下门店，京东开始全面转型 B2C（business to customer）电子商务。

企业组织变革是适应环境变化而进行的以改善和提高组织效能为根本目的的管理活动。外部环境的变化是企业组织变革的最大诱因。京东在 2003 年之前在传统零售业已经取得了较好的业绩，因"非典"来袭而受到重创。在这种情况下，京东面临第一次生死存亡的考验，要想继续生存就需要改变，京东不得不拓展网购渠道，从传统零售转向线上销售。塞翁失马焉知非福，尽管"非典"将京东逼向了电商之路，但也正是"非典"促使人们开始尝试网络购物，中国电子商务市场进入高速发展期，网民规模大幅度增长。这一时期电子商务环境也获得了极大改善，安全支付、物流配套、网络诚信等问题基本得到解决。《中华人民共和国电子签名法》《国务院办公厅关于加快电子商务发展的若干意见》等相关法律政策陆续出台，电子商务行业被纳入"十一五"规划。市场与环境的向好为京东在电商行业继续发展提供了契机，刘强东果断关掉线下 12 家店，专攻线上销售。

1.2 未雨绸缪：全品类扩张的转型决策

2005 年京东全面转型 B2C 电子商务后，公司通过控制运营成本主打高标准化的 IT 类产品，实现了 3 000 万元的销售总额。大部分员工和投资者都长舒一口气，刘强东却看得更远，"利润不能拿钱袋子装起来，应该像种子一样洒向更广的疆土"。更何况，中国 B2C 电子商务热潮已经到来（见图 5-1）。大量风险资本涌入，世纪电器网、易迅网、凡客诚品、乐淘网等各类垂直行业的 B2C 电子商务企业先后创立，行业竞争空前激烈。

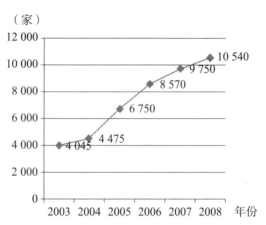

图 5-1　2003—2008 年中国电子商务服务企业数量

资料来源：B2B 研究中心.

刘强东认为，"京东要发展，就必须有新品类加入，没有新品就必然遭遇瓶颈"，他坚信，既然消费者能到京东买手机，就能到京东买家电。市场确实需要一个平台能够直接接触消费者。尽管反对声音强烈，刘强东还是在董事会上获得了 5 票支持（总共 9 票），开始京东全品类产品扩张，从只做 3C 产品转向打造一站式消费平台。

京东确定全品类战略之后，开始不断扩张。从 3C 品类切入，随后上线家电类产品，然后是日用百货、图书音像、母婴商品等。2010 年 12 月，京东第三方开放平台正式运营，这标志着京东实现了从 3C 零售商向综合型电商的转型。此后京东扩张的速度令人咋舌，仅仅十年时间，京东出售的除了实物产品外，还包括虚拟产品，比如旅游产品、电子书刊、音像制品、游戏等品类。

1.3 逆道而行：自建物流决策

2007 年是京东的转型之年。那时，京东的产品种类上去了，好评率却有所下滑，由于配送及服务等问题，客户投诉不断。董事会就此展开激烈争论：有人认为，产品一旦出库京东就没责任，应该由合作的快递公司负责，这就要求京东与这些公司签订职责明晰的协议；有人认为，只要产品是从京东这里买的，京东就不能踢皮球，就要负责到底……

事实上，当时大大小小的电商公司都遇到类似问题，普遍的选择是轻资产化，把物流业务外包给第三方，专心做主营业务。刘强东却逆道而行，他认为利用社会化物流根本无法彻底解决这些痛点，只有自建物流，才能从根本上解决问题。明知山有虎，偏向虎山行。这一决策并不为各界看好，但刘强东觉得公司不能在用户体验上糊弄人，这是红线，不能碰。2007 年 8 月，京东正式确立了自建物流战略。自建物流历程见图 5 - 2。

为搭建自有物流配送体系，京东将融来的巨额资金投入到固定设施、物流与技术研发中（见图 5 - 3）。值得欣慰的是，自建物流并没像外界预测的那样失败，反而带来了巨大效益和市场竞争力。2012 年，京东的综合费用率为 12%，低于同行业 15% 的平均水平；2013 年，京东库存周转天数为 32 天，低于行业 60 ～ 70 天的平均水平。目前，京东物流大件和中小件网络已实现国内行政区县 100% 覆盖，自营配送服务覆盖全国 99% 的人口，90% 以上订单 24 小时送达，商品流通成本降低 70%，物流的运营效率提升 2 倍以上。

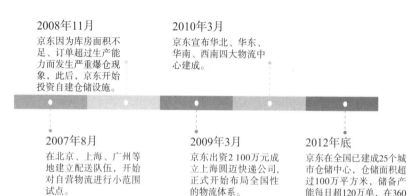

图 5-2　京东自建物流历程

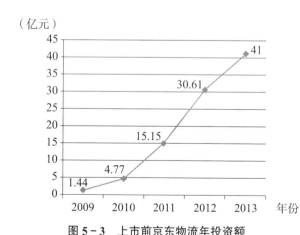

图 5-3　上市前京东物流年投资额

资料来源：京东招股说明书.

与资金投入同时进行的是相关信息系统的研发。京东最早的 ERP 系统和仓库管理系统都是由刘强东带头编写的。现在，京东成立了专门的研发团队，建立起覆盖前后台交易、仓储服务、物流配送、供应链对接、财务管理、客服管理等稳定的信息系统。

组织变革要取得成功，领导者首先要具有长远的眼光。组织变革包括两种：一种是被动性变革，另一种是主动性变革。这两种变革都要求领导者尤其是组织最高领导者具有长远的眼光，站得高才能看得远。在京东从传统零售转向电商的组织变革中，尽管是被动性变革，但正是由于刘强东看到了电商的未来，果断选择关闭 12 家线下门店，全力以赴进攻线上业务，才有今天之京东。此外，也正是由于领导者看到了自建物流未来的远景以及能给企业带来的竞争优势，京东才能从众多电商中脱颖而出，并于 2014 年在美国纳斯达克成功上市。正是由于刘强东及高层领导团队对环境十分敏锐，看到了未来的无界营销革命，才果断推行从 "一体化" 向 "一体化的开放" 的组织变革。

其次，组织变革要求领导者具有承受风险和失败的能力。在京东选择自建物流这条艰辛路之后，不仅需要投入大量的资金，还需要承受外界的质疑，更有可能面临失败。但是刘强东及京东顶住了一切压力，最终通过自建物流，以一体化整合的模式来保证效率和用户体验，实现了京东的大物流战略布局。自建物流也成为京东的重要竞争优势之一。

最后，组织变革要求领导者有包容的胸怀，并能在工作中以身作则。

1.4 自信逆袭：进军金融市场定位决策

京东上市之前，外界对京东存在质疑：投入巨资建设的物流系统，是否会成为压垮京东的资金负担？疯狂扩张却迟迟未能盈利，资金链是否会成为京东打造电商航母的掣肘？据统计，2011 年上市公司中零售行业的营业额高达 7 146.25 亿元，京东为211.29 亿元，仅占 2.96%。面对这些质疑，坚持"零售业是京东的根本"的刘强东讲了一个新故事：互联网＋金融。正是刘强东的自信与坚毅为公司注入了信心和动力。

2012 年，刘强东带领京东杀入互联网金融领域，在短短三年左右的时间里完成了金融业务的全面布局。2013 年 7 月 30 日，京东成立了金融集团。此后，京东金融逐步推出互联网金融产品"京保贝""京小贷""京东白条"以及针对初创企业的"京东众筹"等产品。除以上优势业务外，京东金融还陆续推出了财富管理、在线支付、保险、证券、金融科技等金融服务。京东建立起众多业务板块——企业金融、消费金融、财富管理、支付、众筹众创、保险、证券、农村金融、金融科技、海外事业、城市计算，形成了一套完整的互联网金融业务体系。尽管起步较晚，但是京东金融带着自信逆袭成功。京东金融大事记见图 5－4。

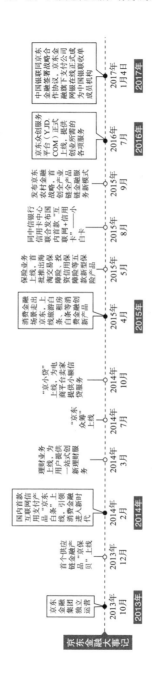

图 5 - 4 京东金融大事记

资料来源：https://www.jd.com/intro/memorabilia.aspx.

外部竞争的威胁也是组织变革的驱动力之一。电子商务的迅猛发展催生了一大批电子商务企业，京东在激烈的竞争中压力巨大。为了能够在竞争中获得优势，京东作出几个重要的战略决策：全品类扩张、自建物流以及进军金融市场等，正是这些关键的决策使其逐步发展成为大型自营式电子商务企业。

❷ 京东战略发展演变路上的"破"与"立"

经过十几年的艰苦创业，京东于 2014 年 5 月正式在美国纳斯达克挂牌上市。然而，刘强东及京东的高管人员并未停下脚步。2015 年的年会上京东确立了新的主题——创新突破，2017 年京东正式确立了无界零售的战略宏图，努力以开放、共生和共赢的姿态转型为零售基础设施的提供商。

经历多次战略变革，京东一次次面临"破"与"立"的交锋。

2.1 打"破"理念围城，建"立"无界思维

互联网和大数据时代，电商消费的主力逐步向 80 后用户倾斜，"新消费"悄然而生。《关于加强网络信息保护的决定（草案）》《网络交易管理办法》等政策法规相继出台，中国电子商务进入规范化发展时期。云计算、物联网等新技术开始走向成熟，为电子商务企业带来新的发展机遇。此时，所有企业与组织都在经历一个互联网化过程，移动电子商务与移动支付迅速抢占 PC 时代资源，第四次零售革命悄然兴起。

"第四次零售革命的到来引发京东战略的更新：我们要从'一体化'走向'一体化的开放'。"刘强东如是说。2017 年 7 月，刘强东发表署名文章，称无界零售时代即将到来，一时引发大量行业讨论。未来无界零售的环境会趋于 VUCA 化——变得极其不稳定（volatile）、不确定（uncertain）、复杂（complex）和模糊（ambiguous）。环境的 VUCA 化给京东及所有电子商务企业带来很大挑战：不稳定性要求响应更加敏捷；不确定性意味着企业需要收集更加系统全面的信息；复杂性要求企业进行组织重构；模糊性则需要我们带着开放的心态，对可能的机会进行试验求证。而这一切变革的起点是理念的转变。

外部环境不断变化，京东发起又一次大的组织变革，这次变革的动因主要是无界营销的到来以及内部发展的需要。对于京东而言，既要快速敏捷地创新，适应未来无界零售时代的要求，又要解决大型企业面临的难题——大企业病。一方面要发挥大企业的资源和规模优势，在资源获取、采购、融资方面有更强的竞争力；另一方面要解决大企业带来的组织机构臃肿、决策迟缓、指挥不灵、信息交流不畅、工作低效、官僚和内部导向问题，同时保持小企业的敏捷、创新和拼搏的优势。内外环境的双重驱动，使得京东需要进行新一轮变革——在赋能开放理念的指引下，向"积木型组织"迈进。

"零售行业消费者需求端的变化及技术的驱动，决定了场景多元化、消费个性化的消费时代正在到来。这是整个零售行业发生重大变革的起点，京东希望能够在未来几年为整个行业、为合作伙伴及消费者创造出更大的价值。"京东集团 CMO 徐雷说。在这样的目标推动下，京东认为"精准"与"无界"是无界零售的两个核心理念。按照京东的表述，无界代表的是宽度，意味着无处不在、无时不在；精准代表的是深度，意味着从"大众市场"到"人人市场"。

这种无界思维的本质就是赋能开放。这也正是促使京东走出一条从"一体化"向"一体化的开放"转变之路的驱动力。所谓赋能开放，是指将京东的积木组件开放给外部（由内而外），同时也连接外部资源为己所用（由外而内）。2018 年 1 月，刘强东发出内部邮件，提出"希望将我们沉淀了多年的供应链能力、物流能力、数据能力、营销能力、金融能力和技术能力以模块化、平台化、生态化的形式全面对外输出，向社会提供'零售即服务'的解决方案"。

赋能开放理念进一步转化为行动。京东过去的成长主要依赖自建和自营，而现在要不断将自身业务拆分成标准化、组件化的灵活模块，从垂直一体化服务模式转向每个垂直环节都独立开放，最终形成一体化开放的模式。这意味着京东的基础设施不能仅仅服务于单个企业，而是应该让更多方受益，通过开放、连接将各个组成部分的作用发挥到极致。同时，京东也会更加开放地接入外部资源能力，服务和丰富京东的生态，实现共生、互生、再生的良性增长。

在赋能开放理念的驱动下，京东不断开放供应链体系的各个环节给各方合作者。物流方面，京东于 2017 年 4 月正式组建了物流子集团，向全社会输出京东物流的专业能力，提供供应链服务、快递、快运、跨境物流、云＋物流等服务。这既是对京东自身规模经济的放大，又能够帮助产业链上下游的合作伙伴降低供应链成本、提升流通效率，共同打造极致客户体验。比如，京东为李宁公司提供服务，打通其原本分散运营的电商、B2B、分公司／经销商库存，通过库存整合、同仓运营，李宁公司存储效率提升 2 倍，存储面积减少 8%，物流成本下降。技术方面，2016年 4 月，京东上线基础云、数据云两大新产品，服务范围拓展至全产业链。零售方面，2017 年 1 月，京东宣布开放核心数据和营销能力，从广告投放、平台营销运营和市场营销三方面为品牌商提供营销解决方案。金融方面，京东金融已经成为开放的全品种金融平台，下辖业务板块能够为京东生态圈内商家和消费者提供综合金融服务。

在赋能开放理念的驱动下，2015—2018 年，京东和腾讯、沃尔玛、新浪、爱奇艺等签署战略合作协议，达成全面战略合作。未来随着物联网和智能技术的发展，京东不仅要依靠自建式规模经济，还要借力连接式的网络效应。因此，京东要赋能开放，进一步放大目前的成本、效率、体验优势。高层能否站得更高看得更远、具体的执行能否到位、能否把资深优势以标准化形式向外输出，成为在新一轮零售竞争中能否领先的关键。

2.2 打"破"组织结构，建"立"积木型组织

在战略转型的道路上，为适应内外部环境变化以及与战略相

匹配，京东先后经历了几次重要的组织结构变革。2014 年 4 月，京东集团对组织架构进行拆分，下设两个子集团、一个子公司和一个事业部：京东商城集团、京东金融集团、子公司拍拍网和海外事业部。2016 年 11 月，京东集团宣布正式成立京东 Y 事业部，着力打造智慧供应链，利用人工智能技术来驱动零售革命。然而，传统的管控式科层组织以"计划、管理、控制"为核心，难以支持快速敏捷的创新，难以适应未来无界零售时代的要求。那么，京东的组织模式应该如何改变？

为了满足客户多变的需求，打造开放的生态体系，京东的组织模式须更为灵活敏捷，"积木型组织"成为京东努力探索的业务和组织模式。所谓积木型组织，指的是打开业务环节之间的强耦合关系，使之成为一个个可拆分、可配置、可组装的插件。通过对多个可选插件的个性化组合，满足客户不同偏好和需求（见图 5 - 5）。就像乐高积木，乐高有 3 200 块左右标准化砖块，通过统一接口进行不同组合叠加，能拼装成任何一个你能想象到的造型——小到汽车模型，大到重现 2012 年伦敦奥运会盛况。京东积木型组织构思包括两方面：一是通过对已有业务能力的积木化，形成可配置的解决方案；二是在与不同伙伴合作过程中，积极发展和打磨符合新业务场景的积木。例如在与中石化的战略合作中，京东基于电商业务活动提供商品联采、物流配送、金融、油品供应等服务。为更好满足中石化业务需要，这些业务都进行了定制化——根据中石化既有技术架构、场景和数据，提供定制化技术和智慧选品方案，与原有流程有所不同。

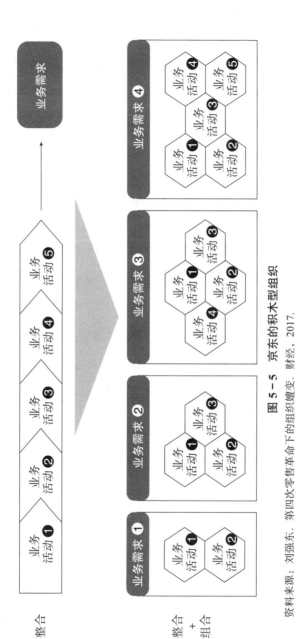

图 5 - 5　京东的积木型组织

资料来源：刘强东. 第四次零售革命下的组织嬗变. 财经，2017.

从 2017 年上半年开始，京东就积极通过组织变革来适应新的能力要求，完成了职能平台、营销平台和研发平台的架构调整。2018 年 1 月，刘强东以内部邮件的形式告知全员："我们将继续延续积木型组织的建设思路，对京东商城前端的事业部体系进行组织升级"，具体包括[①]：

- 成立大快消事业群，由生鲜事业部、消费品事业部及新通路事业部构成。王笑松任事业群总裁，现事业部总裁和业务负责人向王笑松汇报。

- 成立电子文娱事业群，由家电事业部、3C 文旅事业部、全球售业务部构成。闫小兵任事业群总裁，现事业部总裁和业务负责人向闫小兵汇报。

- 成立时尚生活事业群，由居家生活事业部、时尚事业部、TOPLIFE、拍拍二手业务部构成。胡胜利任事业群总裁，现事业部总裁和业务负责人向胡胜利汇报。

- 各事业群整合下属各业务内部平台支撑职能，建立面向事业群内部所有业务的"小平台"。在快速响应前台业务需求的同时，和集团各大平台体系高效协同，以对各事业群整体业务形成强力支撑。

- 以上三位事业群总裁同时晋升为集团高级副总裁（SVP），直接向刘强东汇报。

- 未来国内所有新兴业务全部按业务属性归入上述三大事业群。

京东要推进这次组织变革，首先要"破冰"，打破原有的理念、

---

① 刘强东 2018 年 1 月 11 日发给京东的内部邮件.

原有的组织结构以及原有的技术，尤其是组织结构的"解冻"和"改变"，可能是最艰难的一步。京东当时拥有 16 万员工、三大业务板块，与多家企业建立战略合作，组织规模庞大、业务众多。然而环境复杂多变，尤其是第四次零售革命对无界提出了要求，京东要想既迅速应对外部环境变化，又灵活调动组织内部资源，就需要打"破"原有的集团事业部组织结构，建"立"积木型组织结构。

积木型组织与集团事业部的两个根本性差异在于：第一，平台关注赋能多于管控（做积木、定标准），总部关注管控多于赋能。过去很多集团总部的角色是，你要申请营销计划，总部会看一下符不符合公司规定。未来的平台更多的是赋能角色，做好积木，同时制定标准。第二，积木型组织的业务团队更加强调自我驱动。过去的事业部拼的是职业经理人的心态，他们更多地关注总部下达的指令和 KPI 指标，总部让做多少就做多少，而不是把业务当作自己的事业，没有小企业家的拼搏精神。

刘强东认为：这次组织变革主要有三个目的，其一是让三大事业群内部关联业务产生高度积木化的协同效应，真正由以采销一体化为核心、SKU 为核心转变成以用户（客户）为核心、以场景为核心；其二是授权前移，减少沟通成本和缩短决策周期，快速响应和满足客户个性化需求，"让一线听得见炮火声音的人来做决策"，提升自下而上的创新意识；其三是大幅提升资源的使用效率，强化精细化运营，最大限度提升客户体验，夯实未来的核心竞争能力。①

---

① 刘强东 2018 年 1 月 11 日发给京东的内部邮件.

其实积木型组织的意义不只是停留在组织层面，而是在更大范围内与整个零售生态息息相关，因此也解决了很多大型企业的管理难题。积木型组织的形态可以概括为"整合＋组合"。京东从"整合"型的组织走向"整合＋组合"的积木型组织，反映了京东对于零售生态理解的改变。整合是以京东为主导的：根据未来零售创新的趋势，京东非常高效地整合出一套"一体化的解决方案"，直接助能（enable）客户；组合则是以业务为主导的：客户可以在类似于应用商店的平台上挑选应用组合，满足各自的需要，也就是说客户被平台赋能（empower）。

积木型组织通过"整合＋组合"实现灵活性和柔性。灵活组合是指京东自身业务的标准化、组件化。经过十多年的业务发展，京东已经积累了大量的资源和能力。例如京东具有领先的物流系统、IT 系统和财务系统，这三大系统构成了京东最重要的基础设施，但在过去它们是相互适应、咬合在一起的。换句话说，如果单独拿出单个系统，很难形成独立的、可以对外服务的产品。灵活组合要求不同的业务活动能够标准化、组件化，可以灵活配搭。就像交响乐团表演时，指挥既可以调动某个器乐组单独演奏，也可以协调几个器乐组合奏，展现对交响乐的不同表达。

整合与组合趋于平衡和统一：在前端，有灵活自主的业务团队，这些业务团队离客户最近，能够精准地理解需求，并在此基础上快速响应。团队必须能够将责、权、利相结合。责，业务团队要能够实现闭环，有清晰独立的考核指标；权，一定要对业务团队进行充分授权；利，业务团队成员的利益界定与价值创造直接挂钩。责、权、利相结合，能确保业务团队的领军人物和核心成员拥有"小老板"心态，更加积极主动、更加进取、更加节约成本。支撑前端业务的是京东能力与资源的组件——标准化的业务积木，它们以产品或接口的形式开放给前端业务，并在复用过程中不断迭代更新、自我强化。在最后端的是与业务弱相关的职能积木，也是全集团的公共基础设施。这些积木在各自领域内不断精益求精，支持整个组织体系的运转。所以，整个组织体系是资源协同和敏捷应变的统一：越是在前端，组合性就越高，充分调动业务团队的灵活应变性；越是在后端，整合性就越高，最大限度进行资源协同和复用，最终达成"合则全盘调动，分则独立运营"的组织状态。

除了组织结构变革，还有人员变革：建立灵活自主的业务团队——团队必须责、权、利相结合，精准理解客户需求，并且快速响应。从"一体化"走向"一体化的开放"，对京东来说是一个巨大的战略转变。京东的客户不仅仅是网上的消费者、供应商和卖家，还有线上线下的其他零售商、品牌商与合作伙伴，因此京东的系统不仅要支撑京东商城的业务，还要服务于未来的无界零售场景，赋能供应商和品牌商。基于京东集团业务发展"T型理论"，这些都需要依靠底层最核心的团队能力和组织保障来实现。

组织文化变革也是组织变革的关键内容之一。组织文化是组织中绝大多数成员认同并遵循的共享价值观，包括三个层面：理念层、制度层以及物质层。在这三个层面中，最核心的就是理念层，因此京东首先需要在组织文化方面打"破"理念围城，建

"立"无界思维——赋能开放。所谓赋能开放，是指以开放包容的心态，将京东的积木组件开放给外部（由内而外），同时也连接外部资源为己所用（由外而内）。当然背后的根本原因在于京东零售基础设施水平大幅改善，已经可以对外赋能。正是在赋能开放理念的驱动下，2015—2018年，京东和腾讯、沃尔玛、新浪、爱奇艺等签署战略合作协议，达成全面战略合作。

"解冻"和"改变"阶段是组织变革最艰难的阶段，要打破原来组织和个人已经熟悉和适应的文化、结构等，因此可能面临来自组织和个体不同方面的阻力，这是该阶段需要重点关注的问题，尤其是组织高层领导者需要思考的问题。

京东在组织变革过程中遇到的阻碍及可采取的措施如表5-1所示。

表5-1 京东在组织变革过程中可能遇到的阻碍及可采取的措施

	可能遇到的阻碍	可采取的措施
个体层面	变革的不确定性使员工感受到威胁，从心底里不愿变革。	1. 变革组织工作要做到位，向员工清晰地解释变革的目的、意义、过程以及内部资源的支持； 2. 发动和鼓励下级人员参与制定和实施变革方案。
	不愿打破长期建立的人际关系、工作方式和工作体系。	1. 打破横向或纵向的界限，彼此公开交流，而无须顾虑受到批评或者惩罚； 2. 通过拓展训练或者团队考核等方式鼓励团队协作。
组织层面	组织惯性，包括两个方面：一是原有组织结构及规章制度的惯性带来的阻力；二是组织文化带来的阻力。	1. 一定要给予业务团队足够的授权，业务团队成员的利益界定与价值创造直接挂钩； 2. 制度保障随着组织结构的变化及时调整； 3. 同步进行组织文化变革，组织文化理念层、制度层和物质层均要变，而且要通过培训等方式向员工灌输新的理念和行为规范。

京东化解组织变革阻力还需要注意以下几个方面：

第一，认清组织变革的动力和阻力，识别京东组织变革不同阶段面临的挑战；

第二，发动和鼓励下属人员参与制定和实施变革方案；

第三，让成员感受到变革的压力和紧迫感；

第四，进行组织能力准备，包括技术、资金、人员等方面，以保障变革成功；

第五，从外部引进新观点、新思想，找出变革的新方法、新途径；

第六，先进行变革实验再推广，保证变革成功；

第七，不同方面的变革要善于捕捉最佳时机。

2.3 打"破"技术壁垒，建"立"智能服务平台

赋能开放理念下的"整合＋组合"的积木型组织，需要更加强大的技术支撑。快速将不同产业之间的资源跨界整合起来，让各产业之间能跨平台、跨品牌地实现更大的商业价值，依靠的正是 Alpha 智能服务平台的强大能力。Alpha 智能服务平台将自身的能力划分为三类：人工智能技术、优质的互联网内容与服务、在智能硬件领域打造完整的一体化应用方案。Alpha 智能服务平台的核心在于"开放"，不仅是平台开放，还包括京东多年运营沉淀下的基础设施开放。Alpha 智能服务平台完全开放了自己的四大核心能力：智能技术、互联互通、优质服务、渠道支持。以智能冰箱为例，Alpha 智能服务平台将智能显示交互和图像采集系统硬件模组

方案提供给美的，同时还整合 Android OS 底层优化实现的智能软件解决方案，向美的提供自主研发的图像识别技术。此外，Alpha智能服务平台还针对厨房、生鲜等独有的场景特点完善后台运营管理服务，更精准地将食品推送给目标客户，打通了生鲜食品的供应链；同时提供来自腾讯、喜马拉雅、掌厨等的稳定而优质的内容资源。Alpha 智能服务平台迅速帮助美的进军智能冰箱领域，弥补了传统冰箱行业缺乏智能技术和运营的短板。2017 年 5 月，京东 & 美的智能冰箱正式上市销售，随后，京东联手 18 家冰箱厂商组建智能冰箱联盟，京东 & 格力晶弘智能冰箱、京东 & 美菱智能冰箱、京东 & 海信智能冰箱、京东 &TCL 智能冰箱等陆续上市销售。2017 年 11 月，京东与康佳和乐视分别联手研发的两款智能电视问世，与海信、小米等近百家厂商组建了智能大屏产业联盟，致力于让智能大屏产业搭上物联网快车，给消费者带来更多价值。

赋能开放的理念不仅需要积木型组织的支撑，背后更离不开智能服务平台的支持。开放、赋能的 Alpha 智能服务平台，无疑已经成为京东实现多场景、多终端智能商业战略的核心平台，其使命是搭建输出智能行业基础设施服务的连接器。它是京东在智能领域实现全面开放、赋能的能力支撑，也是京东在这个领域最为关键的一组"积木"。

❸ 最"强"大脑进化之未来

2014 年，京东提出十节甘蔗理论，把消费品零售价值链分为创意、设计、研发、制造、定价、营销、交易、仓储、配送、售后 10 个环节。其中，前 5 个环节涉及品牌商，后 5 个环节涉及零售商（见图 5-6）。该理论认为：一节甘蔗的长短在短期内可发生变化，但从长期看是固定的。如何在固定利润水平上发掘更大价值？最为直接的方法就是"吃掉更多甘蔗节数"。所以京东不仅做交易平台，还将业务延伸至仓储、配送、售后、营销等环节，通过该方式创造价值、获得回报。

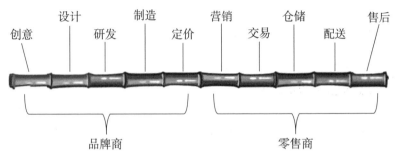

图 5-6　京东的十节甘蔗理论
资料来源：刘强东. 第四次零售革命下的组织嬗变. 财经，2017.

从十节甘蔗理论到积木理论，京东逐步创建了一种新型经营模式——"无界共赢"。把十节甘蔗理论和积木理论进行对比，可以发现两者在基本假设上的差异（见表 5-2）：在积木理论框架下，增长不是来源于前后向一体化（吃掉更多甘蔗节数），而是与更多积木拼接在一起，通过连接实现成长。这要求企业具有更加开放的心态。如果说"吃掉更多甘蔗节数"代表的是"我赢你输"思维，"与更多积木拼接在一起"则代表了"共赢共享"思维。在积木理论中，各个积木是相互依存的——共同把饼做大，再分享各自的利润。

表 5-2　十节甘蔗理论 vs. 积木理论

	十节甘蔗理论	积木理论
假设与背景	外部的零售基础设施尚不完善，一体化服务能够实现成本、效率与体验的最优组合	外部的零售基础设施臻于完善，在"知人、知货、知场"的基础上，平台化服务能够实现成本、效率与体验的最优组合
增长方式	前后向一体化，"吃掉更多甘蔗节数"	连接与成长，"与更多积木拼接在一起"
增长速度	线性增长	指数型增长
竞争优势	整合能力	整合＋组合能力
组织边界	自主的	开放的

资料来源：刘强东. 第四次零售革命下的组织嬗变. 财经, 2017.

京东成功打造了"电商＋物流＋O2O＋技术＋金融"的五环战略生态布局，未来如何继续进化？刘强东2017年分享了其对未来零售生态的展望：

未来零售生态会是怎样的呢？我相信它一定会越来越开放、协作。

在去中心化的无界零售场景下，未来零售交易的核心将不再是流量，而是更关注交易的本质——产品、服务、体验和数据。品牌商和零售企业只需聚焦自己最擅长的事情，例如将产品做到极致、将场景（体验）运营到极致，然后将其他环节交给零售基础设施的服务商，形成总体最佳的解决方案。

也就是说，企业或个人无须面面俱到，只要有"一技之长"——拥有产品、服务、场景（体验）或数据的最长板，再积极寻找其他的长板"积木"拼接在一起，就能够实现成本、效率、体验的最优组合。

未来，每个参与者将自己那块积木定义清楚，并不断优化，最终不同积木组合在一起，演化出无界零售的无界场景。零售的游戏规则不再是竞争趋同，而是竞争求异，每个参与者最关心的是建构好自己那块独特的积木，在零售生态中获取无法取代的地位。这样，不同积木以不同方式组装在一起，构成未来共生、互生、再生的零售生态。

互联网经济下，组织所处的环境越来越复杂多变，因此"变"无处不在，"变"是绝对的，"不变"是相对的。作为企业的领导者，要想更好地驾驭组织变革，带领企业更有效地应变，需要做到以下几点：

第一，要及时对组织的内外部环境进行分析。通过分析组织的外部环境（包括一般环境和任务环境），帮助识别企业所面临的机会和威胁；通过分析组织的内部环境（包括物质环境和文化环境），帮助了解企业的优势和不足。通过上述分析及时把握变革的时机。

第二，寻找意见领袖，以开放包容的心态接纳不同观点。作为领导者，平时要注意观察公司内部的情况，看看哪些核心人物能以自己的观点来影响他人以及哪些人有创新的观点。善于发现这些人，接纳不同观点，鼓励创新，为组织变革培育丰沃的土壤。

第三，提升组织管理能力尤其是驾驭变革的能力。组织变革过程中一定会遇到各种阻力和风险，作为领导者必须首先能识别阻力，其次采取软硬结合的方法带领组织克服阻力，化解风险。

第四，权变领导能力。组织变革的过程中，最重要的是领导者对什么时候应采取什么立场了然于胸。领导者要具备透过现象看本质、具体问题具体分析的能力，在不同情况下针对不同下属采用最适合的领导方法。在复杂多变的互联网经济环境下，领导者正确合理地授权对于组织变革成功也具有非常重要的作用。

成功驾驭变革的关键是领导者拥有管理矛盾的能力。领导变革是一项对能力要求极高的任务，领导者不仅要能识别并正确解释组织内外部的变革阻力和压力，而且需要具有对环境的适应性并能够处理矛盾。因此，在变革的时候，要求领导者有敏捷的思维和明智的判断。此外，还要求领导者在某些时候以开放的心态倾听，在某些时候则立刻决断。总之，组织的领导者要"软""硬"兼备。

第三篇

营　销

第 6 章

桃园 N 结义：
京东的品牌联盟之路 ①

　　"品牌商面临棘手难题，品牌的宣传和销售路径变得不可捉摸。"窗外天气变幻莫测，京东集团副总裁、市场营销部负责人门继鹏坐在他位于京东总部第 13 层的办公室，对一同参加 2018 年度营销高峰论坛的到访者说道。门继鹏于 2013 年加入京东，在此之前，他负责联想的品牌推广工作，曾参与联想的 logo 升级和奥运营销等项目，如今专门主管京东的营销工作。"以往，消费者从注意到商品、对它感兴趣到产生购买欲望，最后形成记忆到店面购买，是一个漫长而完整的过程。但是现在这个过程可能非常短，也可能非常长。"看到到访者满脸疑惑，门继鹏微笑着自信而友好地解释："很多人开始通过电商平台比如京东认知一个品牌，通过媒体平台购买商品，所有场景都可能成为认知场景，也都可能成为交易场景。这样认知场景和交易场景相互重叠，消费者体验就完全不一样了。""也就是说，'在媒体投广告，在电商平台销售'

　　① 本案例由西北大学经济管理学院张宸璐、李纯青（通讯作者）、黄红丽、黄莹、陈曦宇、扎西次措、舒珍、朱绵康、石悦撰写。本案例为国家自然科学基金资助项目阶段性研究成果（项目编号：71772144）。

的模式已不再适用，营销的边界亟待打破……"参与这次访谈的核心人物、清华大学的胡教授结合多年的理论研究补充说。"我们还发现品牌商、零售商和媒体已经互为彼此，品牌商自己也是媒体，相互之间是一个依托关系，是一个很融合的状态。京东希望能够建立一个生态，跟媒体、品牌商共建的一个品牌营销生态，大家共赢、相互协作的生态。"那么，在无界营销时代，京东公司又是如何构建这一营销生态的呢？

❶ 京东"嬗变"：联盟一体，聚流共享

京东，一个妇孺皆知、耳熟能详的电商品牌，从 1998 年北京中关村的零售小柜台、2001 年的光磁耗材代理商到 2007 年的电商平台和 2010 年的全品类布局的电商航母，一路走来，披荆斩棘，势如破竹。然而，进入新世纪的第二个十年，中国的零售业发生了翻天覆地的变化——随着消费主权时代的到来，中国正在经历从"大众市场"向"人人市场"的转变，网络电商风生水起（如图 6 - 1 所示）。为了应对消费者购买模式的巨大转变，电商平台几乎步调一致地开始走向线下，纷纷建设各类形象店、品牌店甚至直营店等，线上和线下的边界被彻底打破，深度融合的呼声越来越高。这导致包括天猫、苏宁易购、亚马逊等在内的同行竞争日趋激烈（如图 6 - 2 所示）。京东处于风起云涌的激变时代和发展的十字路口，面临巨大挑战。

2015—2020年中国网络购物用户规模及使用率走势

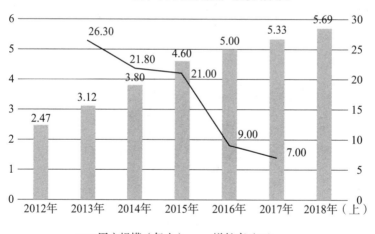

2012—2018上半年网络购物用户规模增长图

图 6 - 1 **2015—2020 年中国网络购物用户规模及使用率走势、
网络购物用户规模增长图**

资料来源：www.100EC.CN.

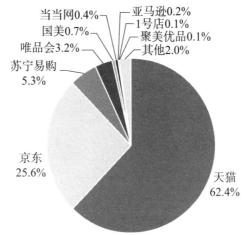

2019年第二季度中国网络零售B2C市场交易份额

说明：①由于四舍五入，份额加总可能不等于100%。②基于对行业内的专家深访、厂商征询以及相关公司财报，再由易观自有模型推算得出。③网络零售B2C市场仅包含以B2C模式经营的独立品牌电商平台，未包含以C2C和B2C模式混合经营的电商平台。

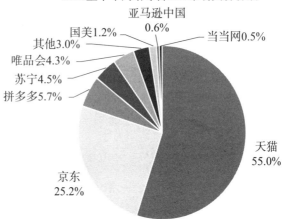

2018上半年网络零售B2C市场交易份额

图6-2 2019年第二季度及2018年上半年网络零售B2C市场交易份额

资料来源：中国互联网络信息中心（CNNIC）；智研咨询；电子商务研究中心；www.100EC.cn.

在一次战略会谈中刘强东说："我们面临巨大的环境变化和生存挑战，未来究竟如何发展？"正如《复仇者联盟》系列电影中所说——任何一个超级英雄都无法独自承担保卫地球的重任，京东认为面对新时代带来的危机，单个个体的力量是不足以对抗的，只有联合起来才能爆发出更大的力量，获得更大的发展空间。刘强东认为："下一个 10 年到 20 年，零售业将迎来第四次零售革命。零售的基础设施将变得极其可塑化、智能化和协同化，由此推动无界零售时代的到来。"[①] 而无界零售时代意味着实现成本、效率、体验的全面升级，需要无界营销。刘强东在 2018 年无界营销峰会上提出了无界营销这一新概念。"无界营销将是无界零售落地的核心因素，我们希望能够开放数据给合作伙伴，通过营销赋能的方式，让零售链条上的每一个参与者和合作伙伴都可以分享京东的资源和能力，最终创造自己的价值。"

那么，无界营销究竟是什么？与传统营销有何本质区别？又将对整个零售行业产生哪些影响？一时间，行业内外众说纷纭。在门继鹏看来，尽管强调了"无界"二字，但营销的本质不会变。他认为，无界营销还是需要"获取消费者心智"并"达成交易"。从营销价值链看，品牌商仍然需要以用户为中心，这就离不开媒体和零售商。"当然，品牌商也希望自己直达用户，这可能是最理想的局面，但我个人认为达成这种局面是很难的。"现在的营销环境是以认知场景和交易场景相互重叠为特征的，要做好营销就要"知人、知场、知内容"，构建无界营销的新时代（如图 6 - 3

---

① 刘强东. 第四次零售革命. 京东研究院，2017.

所示）。现在的京东早已不是简单的线上零售平台，随着用户的大量累积，业务的不断延伸，加上日益成熟的物流、IT 和营销平台建设，京东完全可以凭借平台优势，在实现自身商业成功的同时，推动整个零售行业向前进化和发展。门继鹏在 2018 年 4 月 15 日的中国营销高峰论坛上慷慨陈词，指出京东会以开放共赢的心态，以"人、内容、场景"为发力点，与品牌商、媒体一起，通过联盟共建一个营销新生态。

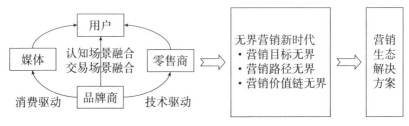

图 6-3　京东对无界营销的理解

　　门继鹏所说的营销生态就是京东品牌营销生态 JD BrandEco（如图 6-4 所示），是一个以消费者为中心，通过重构"人、内容、场景"，为品牌商提供平台化、模块化、生态化的无界营销解决方案。简单地说，就是建立一个由媒体、品牌商和京东相互开放、共同建立的生态体系，实现三个场景转变，即场景连接、场景融合和场景创建。根据这个思路，刘强东开始打破传统范式，重新布局京东生态系统，这就需要重点实现三个场景的转变。京东首先借助京 X 计划和京粉计划完成对购物场景的连接并覆盖几乎全部中国互联网用户，然后通过东联计划和京盟计划实现购物场景的融合，最后通过京东大数据和京洞察实现对全新购物场景的创建。

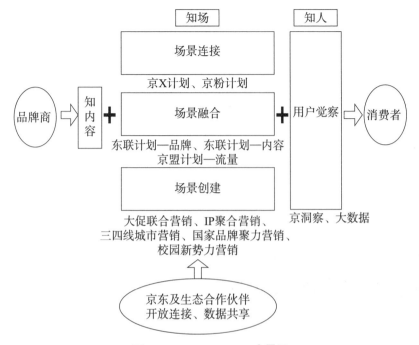

图 6-4 JD BrandEco 全景图

资料来源：门继鹏. 新趋势，新格局，无界营销新时代. 中国营销高峰论坛京东内部报告会，2018-04-15.

场景连接：通过与互联网著名门户品牌合作，实现购物场景接触。借助京 X 计划和京粉计划打造流量入口，完成对购物场景的连接，覆盖几乎全部中国互联网用户。一方面，基于京 X 计划与腾讯、今日头条、百度、奇虎 360、网易、爱奇艺、搜狗、搜狐、新浪九大行业巨头合作，多维获取用户行为和消费习惯数据，帮助货品品牌商实现流量的引入和品牌营销的精准触达；另一方面，通过京粉计划实现与社交平台（例如，微信、微博、QQ）的深度合作，充分利用消费者碎片时间实现用户关系管理，以实际销售产品的提成来换算广告刊登金额 CPS（cost per sales，单位销售成本）为基础，建立营销生态并为京东平台及商家提供精准的营销推广服务。

场景融合：在场景中实现与品牌的完美结合。京东通过东联计划—品牌、东联计划—内容以及京盟计划—流量三大营销产品，助力平台商家打通品牌信息曝光、流量支持、数据赋能的营销路径。在这个过程中，东联计划—品牌是通过广告的联合品牌展示，帮助商家获取更多流量支持；东联计划—内容更注重的是内容营销方面的合作，品牌商在内容营销中加入京东元素并链接到商品页，京东给予站内的线上广告等流量的回馈。

场景创建：打造多元的购物场景。在媒体导入流量和场景，京东与品牌商合作的基础上，设计深度互动，借助场景打造来提升品牌。京东通过丰富的营销形式来实现场景化，如大促联合营销、IP 聚合营销、三四线城市营销、国家品牌聚力营销、校园新势力营销等。这些多元化购物场景体现出京东以消费者为中心，捕捉消费者在购物、娱乐、生活、学习等方面不同的行为路径和喜好习惯，进而精准助力品牌营销。

品牌联盟又叫品牌联合或品牌捆绑，是两个或两个以上消费者高度认可的品牌进行商业合作的一种方式，所有参与合作的品牌的名称都被保留下来。[1]市场上品牌联盟的形式多种多样，根据品牌联盟合作关系预期的持续时间、通过共有或合作可能创造的潜在价值、性质和数量来分类，主要存在以下四种品牌联盟形式：

---

① 王海忠. 高级品牌管理. 北京：清华大学出版社，2014：291–292.

联合促销、商业联盟、品牌合作营销、合资企业，而京东的品牌联盟是对四种品牌联盟形式的综合运用。京东基于自身对未来无界营销时代的判断，希望与品牌商、媒体共建一个生态，使品牌商、零售商、媒体和用户都能在京东的营销价值链中增加品牌价值和收益，实现多赢。对于平台方来讲，场景是重要的发力点，于是京东围绕消费场景，与品牌商、媒体从场景连接、场景融合和场景创建三个方面进行品牌联盟建设，对每一个品牌联盟案例进行项目式运作。

❷ 场景连接：海纳百川，携手共进

"我们需要不断拓展自己的媒体朋友圈。"深谙营销之道的门继鹏在 2018 年度营销高峰论坛上道出构建场景连接的关键，"只有打破媒体网络和社交平台的界限，实现共享流量，才能为京东生态带来巨大的流量，才能扩大影响，带来市场延伸和经营品质的飞跃。"

"流量共享是不是表象？背后的深层次目的到底是什么呢？"参与这次访谈的清华大学胡教授问道。

"是的！背后的数据打通才是关键。"门继鹏会心一笑，补充说，"数据打通后，我们就可以更精准地进行用户全方位画像，实现高效的精准营销。""但大数据是把双刃剑，在形成品牌'朋友圈'的同时，必须考虑数据安全等问题。"

那么，京东的朋友圈里应该有谁？如何与朋友合作？一时间，众人议论纷纷。

2.1 京 X 计划：广交天下豪杰

在品牌联合的路上，京东广交天下豪杰，不仅与各流量平台和社交平台联合，与各种类型的知名品牌联合，更大胆地与各大电商携手，共同搭建舞台。从 2015 年开始，京东不断拓展自己的媒体"朋友圈"。至 2018 年 4 月，京东已经和腾讯、百度、今日头条、奇虎 360、网易、搜狗、爱奇艺、搜狐、新浪九大媒体形成战略合作，这就是京 X 计划（如图 6 - 5 所示）。在刘强东看来，这九大媒体在各自领域都是第一流量入口，京东与它们结盟意味着覆盖了中国互联网近 100% 的用户和各种用户场景。如果互联网用户对合作网站产生偏好，随着情感迁移，也就很容易对京东产生同样的情感偏好。对用户而言，京东和媒体有着紧密的价值联系。对京东而言，这意味着市场的延伸是无法想象的。

以京腾计划为例，京东与腾讯联合，将 10 亿级的高价值社交用户与近 3 亿的高价值购买用户打通，为品牌商提供全案营销解决方案。其核心是从品牌传播、落地销售、粉丝互动和大数据分析四个维度形成闭环，推出各种产品，服务于商家和用户。在京腾计划中，京东与腾讯双方都拿出最强资源和产品打造名为"品商"（Brand-Commerce）的创新模式平台，即为品牌商提供包括精准画像、多维场景、品质体验在内的全方位的营销解决方案。其中，"品"是让社交媒体成为品牌建设主战场；"商"则是致力于推动电子商务改变决策与购买路径。强强联合，必有所得！京东与腾讯合作，双方能够通过这种联系提高具有互补性的品牌声

京X计划
Media

已结盟9大头部媒体，覆盖近100%互联网用户

结合媒体特点的特殊合作

2018年京X计划拓展方向

2015.10.17	京条计划 商家超品/精准投放	京腾计划 精准画像/多维体验
2016.9.27	京度计划 生态导购分佣	数据打通 精准定向的营销合作，提升营销效率
2017.8.10	京奇计划 手机卫士安卓端	
2017.8.24	京易计划 新闻客户端/数据打通	内容营销 深耕内容品质
2017.9.27	京搜计划 输入法/搜索/信息流	
2017.10.17	京爱计划 内容IP/会员	智能生态 完善营销生态
2017.11.9	京狐计划 内容消费/IP深度绑定	
2017.12.27	京浪计划 内容/数据打通	一级购物人口 打造用户使用场景内 "无缝购物"-Kepler
2018.3.27		增益 京X计划媒体作为京盟计划的 唯一合作媒体

分级
京X媒体战略合作伙伴（10家左右）
京X媒体合作伙伴

扩容
扩大媒体合作量，并部分
纳入品牌商深度合作媒体

图 6-5 京 X 计划发展脉络图

资料来源：门继鹏. 新格势, 新格局, 无界营销新时代. 中国营销高峰论坛京东内部报告会. 2018-04-15.

誉，刺激品牌联合的产品销售，创造更多价值。一方面，京东数据可提供用户特征、行为偏好、广告偏好、购买偏好、品牌自有CRM（客户关系管理）；另一方面，腾讯数据可提供人口特征、生活风格、兴趣爱好、媒体环境、使用环境、行为特性。当腾讯的社交数据加上京东的交易数据，将能够更加精准地了解用户特点，结合这样的数据投放广告，会使点击率、转化率都比传统的广告高出很多。基于双方数据可提供精准的客户洞察，实现精准营销。

京腾计划使品牌的销售转化实现了质的飞跃，截至2018年5月，已经得到500强企业宝洁、LG、联合利华等以及知名品牌SK-Ⅱ、乐视手机、戴森电器、帮宝适等的肯定，这些企业获得数十亿级别的曝光，触达数亿用户，互动率高于行业平均水平。

在这样的战略思路下，京东着手在工业品领域布局。2019年3月，京东正式发布工业品战略：以寻源系统为基础，打造集商品数字化、供应链数字化和平台数字化为一体的数字化工业品，实现数据在产业链上下游和企业间的无障碍流通，真正助力工业互联网落地。京东的企业业务拥有超过700万活跃客户。也正是基于此，京东工业品上线以来吸引了大量工业品品牌的合作。[①]

2.2 京粉计划：裂变增长

如果说"朋友圈"是京东与媒体的连接器，那么京粉计划——京东粉丝团——就是京东与社交媒体的专用连接器。京东

[①] 京东"6·18"：京东工业品成立品牌联盟！（2019-06-17）. https://www.hishop.com.cn/ecschool/kdzx/show_71343.html.

粉丝团是做什么的？它是依靠社交流量（如微信群、QQ 群、微博等），以用户关系、CPS 为基础建立的营销生态，为京东平台及品牌商提供社交营销推广服务。与传统逻辑不同，京粉计划的逻辑是分享裂变，需要搭建一个专门的连接器，将京粉尽可能多地连接起来，打造一个更大的粉丝团。无论是微信群还是头条号，粉丝团都可让品牌商链接社交场景用户，也能够发掘庞大的社交流量。

为此，京东专门与腾讯合作，基于微信平台推出了全新的电商模块——"微选"。刘强东表示："微信小程序基于微信生态，也是电商的流量聚集地。京东在搭建大平台的同时不能忽略微信这个大众微平台。"在微信环境下，京东和由美丽说、蘑菇街、淘世界合并而成的美丽联合集团共同打造的社交电商平台微选，是一个全新的平台，真正的大舞台。微选利用京东在微信发现频道中的"购物"一级入口等多项资源及零售基础设施，整合美丽联合集团在运营蘑菇街、美丽说等电商平台过程中积累的社交电商经验，同时利用微信小程序等延伸京东在供应链、物流、大数据等零售基础设施上的功能，努力发掘和创造社交电商的场景和新模式。通过创新微信社交电商平台，向电商商户特别是中小微商户开放微信生态中的优质流量，帮助各商户运营微信私域流量，大幅降低获客成本、服务成本，提升经营效率；同时通过提供品类更加丰富、品质不断提升的商品，以及追求极致的物流、售后等服务体验，进一步满足消费者在社交生态中的消费需求。自2018 年 3 月程序开通以来，微选已经入驻超过 10 万商家，涵盖服饰、鞋、包、配饰、美妆、母婴、食品、百货家居等全品类商品。

2018 年 1 月，京东宣布启动"百千千百"计划，即培育 100 个在京东平台上年收入过千万元的内容合作伙伴，扶持 1 000 个年收入过百万元的内容合作伙伴，打造全网最强的内容营销"天团"。京东已经与虎扑、什么值得买、一条、二更等一大批内容合作伙伴建立长期稳定的合作关系，并通过京东任务平台、行业研讨会、线下沙龙等多种方式持续强化品牌商与内容机构的联系，为双方搭建内容营销合作的平台。这是京东为扶持其平台上的电商而作出的努力，这些电商借助京东上线的"轻商城"小程序，获得免费搭建的商城和京东用户的信赖。除了中心化入口，京东在继续完善入驻、买断、导购三大模式的同时，发力"京商城"和"轻商城"两个基于微信小程序的产品，为商家免费搭建商城。其中，京商城是为已经入驻京东的品牌商生成品牌旗舰店的小程序；轻商城主要是服务于暂未入驻京东但有小程序或围绕小程序产生电商能力需求的品牌商，提供组件化的能力支持，助力其搭建和运营微信平台上的独立品牌商城。这两种模式主要以微信小程序为载体，也是京东与腾讯合作的重要内容。"百千千百"计划带来的不仅仅是巨大的收入刺激，更是通过流量赋能，最终以内容矩阵实现营销价值最大化。

2020 年 5 月，京东举行"多端共进开放融合"2020 平台生态合作伙伴盛典，推出"星火计划"，宣布将在 3 年内打造 100 家营业额超过亿元的服务商标杆，孵化超过 3 000 个全渠道数字经营服务商，为服务商培养超过 1 万名智能化商业运营人才，打造电商服务商"最大增量场"。

品牌联盟的运作机制是基于品牌联盟的四大理论、网络效应和协同效应起作用的。在品牌联盟过程中，企业依据信息源可依赖理论，通过自身或联盟对象的专业能力和诚信两个评价维度找到合适的联盟对象，然后借助情感迁移模型将消费者对自身或联盟对象的情感转移到联盟对象或自身的品牌上来，而认知一致和分类理论是情感迁移的基础。当然，随着商业智能化时代的到来，品牌联盟的运作机制还会通过网络效应和协同效应产生作用。具体分析如下：

（1）信息源的可依赖性。京东一方面主动加强自身建设，持续提高其专业能力和诚信度，进而将这种可依赖性延伸到联盟中的其他品牌上；另一方面，通过与知名互联网平台、社交平台以及商品品牌建立联盟，获得来自其他品牌的信息源可依赖性。与传统品牌联盟不同的是，京东借助联盟品牌的可信度来提升自身的品牌资产，而联盟品牌也可以通过京东的可信度来提升其品牌资产。在品牌联盟过程中，知名度高的品牌更有可能作为可依赖的信息源。

（2）情感的迁移。其一，京东通过与众多知名媒体形成品牌联盟，使品牌商在获得流量的同时将用户对京东品牌的情感迁移到众多结成联盟的媒体上。其二，京东通过搭建系列舞台，携手众多品牌商和超级 IP，打造营销聚合体。一方面，京东借助公众对这些场景的情感、联想来强化用户对京东的情感与联想；另一方面，用户对京东的情感也会迁移到相应的品牌商的商品上，品牌商通过获得更多的关注来提高销量。其三，京东通过京联计划和众多的品牌商渗透融合，共同开展营销活动，实现消费者对大品牌商商品的情感迁移，使自身品牌获得提升。

（3）认知一致。京东联盟的品牌大部分在形象、个性、态度上与京东品牌一致，所以，品牌联盟会使京东品牌得到提升或强化。

（4）分类理论。人们注意到京东联盟的一个新品牌时，会通过判断新品牌与京东品牌的匹配度来决定是否需要进一步对信息精细加工，进而决定是否将情感迁移到联盟的新品牌上。如果匹配度较高，消费者的情感就会迁移；如果匹配度不高，则不会迁移。从实际情况来看，京东的联盟体系极其庞大，包含多种类型多个层次的品牌，消费者接触到联盟中的新品牌时，会将新品牌与京东进行联想、匹配比对，进而将之前建立的对京东品牌的情感迁移到新品牌上，并且形成品牌情感的匹配。

❸ 场景融合：君子之交，如切如磋

"除了进行多角度的场景连接，还有没有其他形式的营销拓展？"听完了京 X 计划和京粉计划的介绍，胡教授追问道。

"京东也在不断拷问自己，杠杆效应到底有没有被充分挖掘。"门继鹏说，"比如，可不可以让品牌商在它的平面广告、视频广告里加入定制化的京东元素，京东再反向给它一些流量回馈？"

"但是根据 Global Web Index（2016）的调查，消费者平均拥有 3.64 个设备和终端，而上万个 App 分散在全国几亿部智能手机中，每个人又使用着不同的 App。媒体渠道越来越分散已经成为不可逆转的趋势。京东又如何结合不同品牌商、不同客户的实际情况呢？"胡教授质疑说。

"这就需要人工智能技术了，我们构建了问题库、信息库，借助自动布置系统，可以有针对性地根据品牌商的投放量、比例来货币化，货币化之后，再根据内部的资源决定如何匹配、如何优化和构建。"门继鹏自信地回答，"这就是场景融合。我们在 2017 年已经与 500 家品牌商合作，合作的市场价值达 150 亿元以上。"他相信"品牌商有很多的营销场景，在这些营销场景里京东可以做一些加持，产生更好的效应"。

3.1 东联计划一品牌：从行业首创到习惯养成

品牌商的营销环境发生很大的变化，主要表现在媒体的分散化、屏幕的多样化、技术的碎片化三个方面，这些变化导致消费者行为的去中心化并产生大量的数据孤岛，使得品牌商越来越难以理解消费者行为，难以把握消费趋势。为此，2013 年，京东首创电商界品牌联合营销模式——东联计划，即选择各品类销量前 20 名、线下推广实付 1 000 万元以上的知名品牌，将品牌商投放的日常传统户外广告、电视广告、OTV（即在线 TV）、其他广告（例如微信公众号的图文推广、爱奇艺短视频推广、腾讯视频直播、今日头条等资讯平台的导购文章等），与京东的平台连接起来，打破京东与各个品牌商的营销资源界限，形成一种"你中有我，我中有你"的联合。

简单来说，就是把京东和品牌商融入同一营销活动中。品牌商在它的平面广告、视频广告里加入京东的元素，京东则反向给品牌商一些流量回馈。消费者对各大品牌的认同和情感可能会迁移至京东，从而相信京东的产品具有独特的品牌属性并增加购买量。

截止到 2019 年，参与东联计划的品牌已超过 1 000 家，合作媒介市场价值超过 500 亿元。合作媒介包括 TVC、OTV、户外、门店等形式，覆盖渠道包括央视、卫视及 100 余家地方电视台、腾讯、爱奇艺、搜狐等 10 余个主流视频网站，200 多个城市主流户外媒介。东联计划还在持续升级中，京东将不断丰富联合营销模式，整合京东营销媒介洞察能力和大数据洞察能力，为品牌构建社交影响力并提供营销洞察服务，共同引领营销生态升级。京东认为，东联计划能够帮助品牌商重新构建品牌商与消费者的关系。该计划强调以效果为核心、数据为驱动，通过整合营销及品牌合作，连接多种场景并培养消费者的购物习惯。

3.2　东联计划—内容：内容阅读、场景购物一触即达

在东联计划中，品牌商在内容营销中加入京东元素并链接到商品页（京东），京东回馈的资源包括：（1）核心资源加量，如手机京东、京东商城 PC 端、京东微信购物、京东手机 QQ 购物的站内资源等；（2）开放站外资源，如京腾计划、京条计划等，精准引流站外资源等；（3）冲抵营销费用，如大促、"一城一牌""校园

之星"的费用；（4）京东独有的、新增的稀有资源，如京东物流自有媒体。除此之外，京东还为品牌商提供精细化的运营以及专属的团队，甚至是定制服务。例如，2016 年 12 月，京东为百事可乐提供了一个动态开机屏的精准推送，活动当日，百事可乐的销售额同比增长 87%，环比增长 5 倍。

另外，京东通过智能技术掌握不同决策阶段、不同场景下的消费者数据，全方位洞察消费者需求，让营销内容更符合消费者心理预期，为消费者提供内容阅读、场景购物、方便快捷的个性化消费体验，进一步提升销售转化率。

3.3 京盟计划—流量：品牌商、京 X 媒体和京东三方共赢

京盟计划更是在流量上实现融合，产生 1+1>2 的效果。品牌商通过线上广告把链接引向京东站内的商品页，可以实现流量共享，无论是品牌商还是京东，都能获得更大的价值。许多京东的广告未必是京东投放的，有可能是品牌商投放的。比如品牌商在腾讯投放了 100 万元的广告，把它的链接指向其在京东的商品或店铺，除了获得共同的流量外，品牌商可以获得京东对其增加的广告投入（比如加投 10 万元），最后媒体链接会指向京 X 媒体。对于品牌商来说，花费 100 万元得到了 110 万元的广告投放；对于媒体来说，获得了 10 万元的额外广告收入；对于京东来说，花费 10 万元收获了 110 万元的广告投放效果。

电商平台为入驻的合作方赋能，同时借助合作方的媒介资源和品牌商的内容资源为自身赋能。京东通过升级东联计划，将其

打造成"跨境东联"，将花王、Swisse、爱他美、联合利华、A2、OceanSpray、尤妮佳、妮维雅、好奇、斯肯特 10 个海外知名品牌纳入进来，成功地将京东的品牌形象带到了纽约时代广场，在纳斯达克广告屏上展示这些品牌联合京东的风采，这样就形成了品牌商、京 X 媒体和京东三方共赢的局面。

京东是在中国零售业形势发生巨变、消费者购买模式发生改变、同行竞争日趋激烈以及京东集团的净利润逐步下滑的情况下建立品牌联盟的。刘强东将这次巨变称为"第四次零售革命"，"这场革命改变的不是零售，而是零售的基础设施。零售的基础设施将变得极其可塑化、智能化和协同化，推动无界零售时代的到来，实现成本、效率、体验的升级。"零售基础设施在未来的无界零售图景里扮演非常重要的角色，因为它是串联起消费变化和技术更新的重要载体（如图 6-6 所示）。

图 6-6 零售基础设施是未来的行业基石

资料来源：刘强东. 第四次零售革命. 京东研究院，2017.

（1）技术 3I 的含义

● 感知（instrumented），指的是智能技术对场景的感应能力越来越强，最终使场景能够数据化，把宝贵的数据资源留存下来。

比如，京东的叮咚智能音箱可以感知和识别用户的声音，了解用户需求，并将其数据化；京东智能冰箱能够通过内置的高清摄像头实现图像识别和门箱对拍，用户不需要输入食品名称就可以得到关于不同品类食品如蔬果、生鲜、鸡蛋、牛奶等的过期时间的提示。感知和数据化是洞察客户需求的基础。

● 互联（interconnected），指的是联通不同场景的数据，最大限度地实现数据共享，从而创造更高的协同价值。比如，京东的叮咚智能音箱不仅仅是个音箱，它和喜马拉雅FM、E袋洗、京东商城等150家第三方服务商的连接，能够灵活地调用不同应用，打造庞大的智能生活生态圈；智能冰箱的背后也是一个生态系统，可以通过与超市互联，自动下单购买鸡蛋、牛奶等日用品，保证用户家里的这些食品不断供。

● 智能（intelligent），指的是整个零售系统的智能化水平不断提升优化。例如，未来零售会实现更精准的销售预测、更高转化率的商品推荐、更合理的配送路线规划、更符合需求的库存计划等。随着数据的完善和算法的迭代，产品的生产、推荐、交付都会越来越精准，各个模块之间的组合也会变得极其灵活。

（2）零售基础设施3S的含义

● 可塑化（scalable），指的是零售基础设施具有很强的适应能力，可满足不同合作伙伴的不同需要。比如，既能满足大型综合电商的供应链管理需要，又能适应个人微商/网红的电商业务的需求。这意味着基础设施的服务商一定要有开放的心态和灵活的组织。最重要的是，还要具有制定和执行服务标准的号召力。京东物流在多年运营的基础上向社会开放，不仅仅是输出，还会连接社会化的物流一起提供多样化的服务；不仅仅是连接，还会输出物流服务的标准，最终和全社会一起为降低社会物流总成本而贡献力量。

● 智能化（smart），指的是零售基础设施要依托数据，基于数据的算法输出智能化的解决方案，不断提升零售系统的整体效率。智能化是全方位的，从采购端、物流端、消费端到服务端都有巨大的提升和服务空间。这意味着一流的零售基础设施服务需要覆盖全链条的数据，运用零售领域的专业知识更有效地对外赋能。京东有超过十年的商城自营历史，积累了从采销、物流、营销到售后服务各个环节的丰富经验，在零售全流程的智能化上进行了积极有效的探索。未来京东会进一步输出这些能力，与零售伙伴一起分享、成长。

● 协同化（synergetic），指的是信息、商品、资金流服务的组合可以互相强化，形成合力。比如数据＋金融＝更低的坏账率，物流＋金融＝无缝的供应链金融服务，数据＋物流＝更快的周转率和更低的库存。不同服务的组合能够带来不同的附加值。这说明未来一流的零售基础设施服务商一定会走向"软硬结合"：既要贯通数据和金融，又要干得了物流的苦活、脏活、累活。京东在物流领域进行了大量投入，建立了竞争壁垒，同时又在金融和数据领域快速发展，未来会与社会分享更多的协同价值。

（3）消费者 3P 的含义

● 需求个性化（personalized），是指消费者越来越注重自身个性的表达。

- 场景多元化（pluralistic），是指消费场景会越来越分散，企业和消费者的触点不再局限于单一的商场、网站等高流量入口，而会变得空前丰富。

- 价值参与化（participative），是指消费者正在扮演越来越积极的角色，从被动接受和选择到主动影响和创造。比如：爱好、身份、标签相似的消费者可以非常方便地通过网络聚集在一起。他们形成社群，抓住一切机会与品牌互动：从内容创造、设计参与、决策参谋、体验分享到品牌传播……最终，消费者会融合在整个价值链条的各个环节，与企业一起创造价值。

❹ 场景创建：搭建舞台，邀你共舞

门继鹏称：如果说场景连接和场景融合是京东利用其外部品牌商资源进行的联合活动，那么场景创建就需要京东进一步扩大自己的影响。京东要主动为品牌商创建购物场景，引导品牌商共同加入。比如京东的大促联合营销——"6·18""双11""年货节"，它们是一年中最重要的三次大促销。还有"百千千百"计划和微选小程序。

4.1 京东"6·18"品质购物节

京东在传统节日之外，瞄准上半年节日稀少的空当，独辟蹊径，创造出一个年中购物节，直击人们的生活和心理状态，每年提出一个主题口号，采用多种形式的活动，倾力打造购物狂欢节。毫无疑问，经过多年的精心培育，京东已经让"6·18"成为一个约定俗成的专用词，从一个普通的店庆促销日变成一个全民认同、共同参与的节日。

京东作为"6·18"的开创者，致力于通过营销广告的创新，让消费者多快好省地买到高品质产品。京东不断为平台的品牌商赋能，通过把广告和大数据应用相结合，有效连接消费者，提升品牌商在"6·18"期间的销售业绩。2019年"6·18"，京东联合国内户外广告监测机构数字100，共同开发线下广告监测平台，重点针对京东与品牌商的联合广告进行全面的监播检查，帮助京东在"6·18"期间达到最优的广告宣传效果。这次户外广告的监测覆盖了大量知名品牌，同时覆盖了LCD、框架、影院、高铁等媒体形式。

在"6·18"期间，除了各大品牌商带着各自的代言人来与京东合作，京东也会和品牌商共同出资推一个王牌代言人。这样一来，在京东的广告里会用品牌商的代言人，品牌商的代言人也参加京东的一些活动。借助众多王牌品牌商，京东扩大了自己的影响力，品牌商的营销费用大大降低，也有更多机会脱颖而出，实现了多赢。例如，2017年京东与14个王牌品牌商合作，在2017年6月1—18日，京东商城累计下单金额达1 199亿元，累计卖出商品超过7亿件，实现了一场中国品牌盛典和王牌代言的盛宴；2018年6月1—18日，累计下单金额达1 592亿元；2019年6月1—18日，累计下单金额达2 015亿元（见表6-7）。

销售额（亿元）

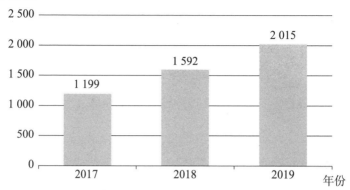

2019 年"6·18"期间，京东联合施耐德、菲尼克斯、三一集团、昆仑润滑等 17 家全球工业品巨头共同成立"工业品品牌联盟"，覆盖了工业照明、搬运存储、中低压配电、个人防护、五金工具等常见的工业品应用场景。同时，聚焦工业品采购场景，共同打造"工业互联网"下的工业品采购标准，围绕主要工业品场景筛选出对应品牌，为制造业采购提供权威参考。[①]

4.2　京东"超级秒杀日"、"红动双 11"及"双 11 全球好物节"

"双 11"购物节源于淘宝商城（天猫）2009 年 11 月 11 日举办的网络促销活动，现已成为中国电子商务行业的年度盛事。京东用自己的行动重新定义了"双 11"的时间节点，将其定义为 11

---

① 京东"6·18"：京东工业品成立品牌联盟！.（2020-05-12）. http://gzzye. com/post/5030.html.

月的网购盛宴，用超级秒杀的方式，提前将消费者带入购物的狂欢，11月2—12日持续有低价好物轮番上阵。例如，2016年11月1日，京东"超级秒杀日"共举办了三大秒杀专场：单品秒杀，每两个小时更新一场，每场推出80个全新单品；超级单品秒杀，111款精选好物，0点准时开秒；品牌秒杀，上千大牌低价齐聚，尽情秒杀。

2017年，京东再次结合"双11"推出专属的"红的任务"——"红动双11"。京东与华纳兄弟、孩之宝等国际公司联合，推出系列动画宣传电影；与品牌商合作，推出不同商品的重磅广告。2017年"双11"期间6天7场共推出42个超级品牌，汇集40位演艺人员与粉丝零距离互动，迅速提高品牌认知。京东副总裁韩瑞透露，2017年"双11"京东PLUS会员下单金额同比增长230%，"双11"当天京东秒杀业务日GMV（gross merchandise volume，一定时间段内的成交总额）接近118亿元。数据显示，京东"双11"期间累计下单金额高达1 271亿元。

2018年，京东"双11全球好物节"累计下单金额达1 598亿元。京东"双11全球好物节"带动高质量消费和互联网与实体经济深度融合的价值在大促中进一步凸显，京东不仅拉动超过60万家线下门店参与"双11全球好物节"，更通过智能供应链等驱动制造业的供给侧结构性改革。消费在中国经济成长中扮演着重要的角色，京东"双11全球好物节"正展示了一个企业的责任感和执行力。

2019年，京东通过打造超级购物盛宴、供应链整合创新、惠及下沉新兴市场三大战略，以创新供给方式持续推动城乡消费升级。低线市场、新用户亦成为京东"双 11"的强劲增量，2019 年"双 11"，低级市场下单用户数同比增长超 60%，超过 70% 的新用户来自低线市场。从 2019 年 11 月 1 日 0 时起的 11 天里，累计下单金额超 2 044 亿元，在创出历史新高的同时，也将"双 11"打造成为继年中"6·18"之后又一实力新主场。

4.3 "寻回年味儿的年货促销"方案

瞄准春节贺岁和传统生肖文化，京东在 2018 年春节前联合众多品牌商，为消费者量身定制了一个"寻回年味儿的年货促销"方案，主打"Joy IP"联名款商品，推出 389 款商品，同时借着狗年这个契机，将京东狗 IP[①] 化，把消费者在买年货期间的关注点吸引到京东上来。京东发动品牌商定制 IP 产品，甚至免收授权费。京东在央视、出街的户外广告平台上推广，相当于免费为品牌商打广告。京东还设计了一个"联萌日"，在这一天推出 389 款 IP 商品，这些商品作为狗年纪念版就有了一定的珍藏意义。比如，活动期间京东开放了很多站内资源为联合利华做支持——京东 App 开机屏、首页氛围以及秒杀频道等资源位，都被各种萌 IP 占领，消费者仿佛回到了童年，购物体验也充满了童趣。

随着京东 Joy IP 的进一步开放，联合利华整合旗下系列萌 IP 代言人，让 Joy 化身"萌主"，以"联萌总动员"之名，与京东共

---

① IP（intellectual property），即知识财产，是一个称为"心智创造"（creations of the mind）的法律术语，包括音乐、文学和其他艺术作品，发现与发明，以及一切倾注了作者心智的语词、短语、符号和设计等，如 IP 电影。

同打造了一起围绕 Joy 展开的营销事件，最大化地借势 Joy 这个狗年最强 IP，在春节期间迅速提高双方的品牌认知和销售量。Joy 的魅力到底有多大呢？数据显示，仅 2018 年 1 月 24 日京东年货超级秒杀日，销售额 3 分钟破亿元，10 小时突破上一次超级秒杀日销售额。

4.4　IP 聚合营销方案

"神秘势力入侵，谁能拯救人类命运？地球超能力正在集结。除了蝙蝠侠，神奇女侠、海王、超人、绿箭侠，还有谁？——Super Joy! 正义不独行！""试想一下，萌宠 Super Joy 化身正义联盟一员，身披红色战袍，威武屹立在京东总部大楼楼顶，这是一种怎样的视觉体验？"

这段营销文案正是为京东与《正义联盟》的 IP 聚合营销合作设计的。在 IP 聚合营销中，京东除了与《正义联盟》合作之外，还与《妖猫传》《复仇者联盟 2》《X-战警》《变形金刚》等超强电影 IP 联合，与《王者出击》等王牌综艺节目展开深入合作。与电影行业开展 IP 聚合的合作模式，借助公众对电影大片和娱乐综艺的喜欢来影响他们对京东的态度，通过超强 IP 提高营销声誉。

事实上，在 IP 方面京东做了很多尝试，2018 年 4 月以前就与 15 个品牌合作推出了 2 000 多个商品，共同收割 IP 合作带来的聚合效应。一般地，企业最初可能是贴片，深入点就是做植入，进而去做授权。而京东采取的方式都是由几方共同连接。比如京东跟迪士尼合作，迪士尼把它旗下几家做 IP 的公司都免费授权给京东，京东可以将之看作媒体。京东有一个引发媒体爆发力的过程，它会设立一个超级 IP 日，在这一天引爆迪士尼，关于迪士尼 IP 的产品会有优惠。

在 IP 聚合营销中品牌商、IP 方、京东、消费者都获益。对于品牌商来讲，京东会拿出战略资源，销售也会提升。对于 IP 方而言，IP 的影响更大。另外，做 IP 授权，卖的商品越多，好处越多，能获得品牌商的长远投入。京东通过 IP 聚合的合作模式，借助各大品牌在消费者心目中的地位和影响力，来提高京东在公众心目中的地位和影响力。

京东通过搭建系列舞台，携手众多品牌商和超级 IP，打造营销聚合体，让品牌一起实现内容共创、资源共享。京东与其平台上的电商和品牌商搭建的这个大舞台，伯歌季舞，宴乐以喜，同时，消费者也获得了更好的产品体验，实现了多方共赢。

4.5 "3·15" 京东国品日

一年一度的 "3·15" 晚会屡屡刷爆各大社交平台，成为百姓茶余饭后的话题。2016 年 9 月，中央电视台正式推出了 "国家品牌计划"，旨在寻找、培育和塑造一批能够在未来 30 年里代表中国参与全球商业竞争和文化交流的国家级品牌。被国家品牌计划选中的品牌名额有限，使得 "国家品牌" 这个资源稀有化，京东作为央视认可的唯一电商品牌，赢得了公众更多的信赖。国家品牌计划同时也存在明显的不足之处，因其是一个广告项目，除了通过媒体渠道提高品牌的整体声誉之外，并没有落地到品牌旗下的产品销售，产生不了直接的效益。

2017 年京东联合央视宣布推出"3·15"京东国家品牌日（以下简称"京东国品日"）。京东与央视携手，联合 28 家顶尖民族品牌，吸引全球目光，引发国际关注。京东表示，希望将京东国品日打造成一个品质诚信的购物节，助力央视国家品牌计划成员建立一个与消费者沟通和互动的平台。

随着京东国品日亮相央视，京东启动密集的广告宣传——在全球 7 地地标性建筑上燃起中国红，彰显中国品牌力量；加上北、上、广、深四大城市 9 万余座核心楼宇的广告覆盖、11 个城市 350 余家影院的 3 分钟超长前贴片，国外国内、线上线下刮起了一股国品风。京东国品日对于企业而言形象意义要远大于销售意义。这更是对消费者的承诺，对企业社会责任的誓言，让消费者在产生疑虑时有一个可以信赖的选择，让人们的高品质生活触手可及。

对于京东和央视以及参与的众多国家品牌而言，这无疑是一个多方共赢的结果。很多品牌在"3·15"前后保持低调，京东却联合众多品牌高调发声，向消费者传递品牌的自信和担当。从另一个角度来说，京东国品日是央视和京东合作的成果，央视作为国家级权威媒体，能够解决品牌的知名度、信任度等问题，京东作为央视认可的唯一电商品牌，会让公众觉得京东所传递信息的信息源具有可信度、可靠性和专业性。京东作为电子商务销售平台，能够将品牌直接转化为销售。京东搭建了国家品牌计划成员与消费者间的信任通路。

京东在使用品牌联盟时基本考虑到品牌联盟发挥杠杆作用的

三个方面：

（1）联盟品牌要具有足够的知名度和影响力

所选 28 个品牌基本都是知名度很高、影响力很大的品牌，如华为、格力、方太、汇源、伊利等，并且符合理想的联盟品牌标准：1）消费者熟悉该品牌；2）消费者对该品牌具有强烈的、正面的、独特的联想，对该品牌持有正面的判断和感觉。

（2）联盟品牌要与消费者相关且寓意丰富

所选品牌提出的口号是"为品质，在一起"，这个寓意非常贴合消费者对品牌内在品质的追求。这些品牌都是消费者耳熟能详的知名国产品牌，与消费者的日常生活密切相关。

（3）联盟品牌的品牌资产可转移到京东的品牌上

联盟品牌不但激发了各品牌商将产品品质做到极致的理想，使大家都为高品质的产品而公开承诺，也将京东注重品质的价值观凸显出来，无形中将联盟品牌的品牌资产转移到京东的品牌上。

同时，品牌联盟的成功主要体现在品牌 DNA 匹配、资源共生、利益一致与机会均等四个方面。

- 品牌 DNA 匹配

"3·15"京东国品日赋予京东及其他国家品牌成员更多的知名度与信任度。京东与其他国家品牌成员的合作得以加强。京 X 计划是京东与各大网络媒体合作的主要形式，京东与各大网络媒体的用户均是互联网用户。

- 资源共生

在京腾计划中，京东与腾讯双方都拿出最强资源和产品打造名为"品商"的创新模式平台，即为品牌商提供包括精准画像、多维场景、品质体验在内的全方位的营销解决方案。从根本上看，京腾计划就是把双方的数据打通，使数据更精确。

● 利益一致

东联计划通过流量回馈模式，在降低京东与品牌商广告投放成本的同时，增加网络媒体的广告收入，形成三方共赢的局面。

● 机会均等

京东提出的品牌生态，是一种彼此开放后的有机连接，组成的是一种互相赋能的新生态，京东与各大品牌商的合作是一个互利共赢的过程，带来的是价值的放大、效果的倍增。

正如刘强东所说，零售业迎来了第四次零售革命，其关键词是"无界"和"精准"。未来的零售一定会越来越精准，否则会被淘汰。无界代表的是宽度，精准代表的是深度。在这幅未来的零售图景里，零售企业一定是借助数字化、智能化的零售基础设施才能获得发展。说到底，只有创新的技术应用才能不断突破零售生产率边界，实现体验和成本效率的同时升级。通过品牌联盟，京东基本上达到了无界和精准的目标，这样就重新定义了零售业，也带给消费者更高层次的体验。

❺ 一个全新的京东呼之欲出

在互联网发展的背景下，京东早已意识到中国零售业所面临的主要矛盾不是简单的"实体 PK 电商"，而是如何用开放融合的心态和行动对自身进行升级，以满足消费者日益高涨的新型消费需求。

门继鹏总结说："现有营销正呈现三大趋势——消费者的认知和交易场景融合的趋势、品牌商和零售商互为彼此的趋势、品牌商与零售商深度营销绑定的趋势。正是这三大趋势，使得消费者认知和交易无界、媒体和零售商无界、品牌商和零售商无界，从而拧成一股力把营销推向无界营销时代——京东与品牌商无界、京东与媒体无界，背后的驱动力是营销的变化。"

"这种无界的生态的另外一个好处在于，它不是静止的，而是扩展的，是不断扩容的。而且，这种扩容能够带来乘数效应，给所有的成员带来惊人的收益。"胡教授点点头补充说。确实，JD BrandEco诞生于零售行业巨变的风口浪尖，天然具有与时俱进、包容并蓄的优良基因，其开放的性格决定了良好的可扩展性。大的想象空间还在于无界营销的模块化，就像积木一样，近百个营销产品是可以自由拼搭的。当某个品牌商引入的流量巨大时，京东可能会拿出超级品牌日这样的战略性产品来绑定合作。

总而言之，京东的无界营销是一种彼此开放后的连接，当价值链各方的优势连接后，组成的是一种互相赋能的新生态，带来的是价值的放大和效果的倍增。那么，在数字化时代京东的未来会怎样呢？

志之所趋，无远弗届，穷山距海，不能限也。

总体而言，京东在实施品牌联盟战略时，对市场环境进行细致分析，提出现在处于第四次零售革命的变革时期，这个变革时期有两个关键词：无界和精准。在对当前形势及未来作出准确判断的基础上，京东提出品牌生态的发展战略，并将其与人、内容和场景联系起来。同时，综合运用四种品牌联盟形式：联合促销、品牌合作营销、商业联盟和合资企业。京东的品牌联盟之路由向上联盟、同级联盟和向下联盟共同组成，从三个方向来促使品牌联盟范围扩大，最终形成一个品牌联盟生态圈。

然而，商业智能时代在带来机遇的同时也带来了诸多挑战。企业在实施品牌联盟战略的时候依然需要考虑自身的品牌魅力及品牌影响力，同时还应当注意品牌联盟的适用性等。在品牌联盟的实施过程中，企业随时可能面临：（1）失去控制；（2）损害品牌资产；（3）丧失品牌焦点和集中度；（4）品牌个性水火不容。尤其是在移动互联网时代，随着信息的透明程度越来越高，品牌联盟的收益与风险几乎是并存的，如何使用好这把双刃剑，考验着企业经营者的智慧。

第 7 章

体验至上法则：
京东的客户体验管理 ①

    京东于 1998 年 6 月成立，2004 年 1 月开始涉足电子商务领域。2014 年 5 月京东在美国纳斯达克证券交易所正式挂牌上市。近年来京东稳居 B2C 网络交易市场份额第二的席位，其网络交易市场份额呈现持续上升之势（见图 7-1）。这些卓越的市场表现一定程度上归功于京东在"客户为先"的理念下进行出色的客户体验管理。

    京东作为一家网上综合购物商城，在线销售计算机、手机及其他数码产品、家电、汽车配件、服装与鞋类、奢侈品、家居与家庭用品、化妆品与其他个人护理用品、食品与营养品、书籍与其他媒体产品、母婴用品与玩具、体育与健身器材以及虚拟商品等。然而，京东自己并不生产商品，也就是说消费者完全可以通过其他渠道获得所需品类和品牌的商品。因此，京东必须通过商品以外的途径提高客户黏性。京东敏锐地发现消费者在购物的同时

---

    ① 本案例由西北大学经济管理学院谢莹、高鹏、褚玉杰、李纯青（通讯作者）撰写。

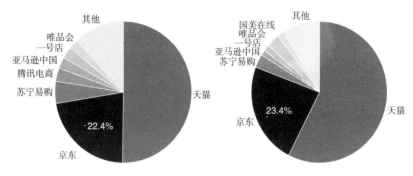

2013年中国B2C网络交易市场份额占比图

其他
唯品会
一号店
亚马逊中国
腾讯电商
苏宁易购
·22.4%
京东
天猫

2015年中国B2C网络交易市场份额占比图

其他
国美在线
唯品会
一号店
亚马逊中国
苏宁易购
23.4%
京东
天猫

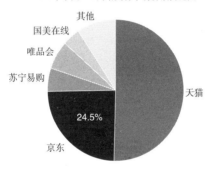

2017年中国B2C网络交易市场份额占比图

其他
国美在线
唯品会
苏宁易购
24.5%
京东
天猫

图 7-1　2013 年、2015 年和 2017 年中国 B2C 网络交易市场份额占比
资料来源：中国电子商务研究中心网站. http://www.100ec.cn/.

渴望刺激、乐趣、温暖以及乐于接受新生活方式和挑战的特点，
客户体验是影响网络时代消费者选择线上购物平台的重要因素。
人们想要的不仅仅是产品，而且包括心满意足的体验。为此，京
东紧紧抓住客户体验，利用自身的优势将消费场景融入平台，消
费者在购物过程中获得更丰富的体验，同时运用其他多层面的感
受调动消费者的感性体会，使每一位顾客在购物中感到愉快和温

暖。京东将客户关系管理的核心从"为企业创造价值"转向"为消费者创造价值"，建立其与顾客体验的联系，使京东成为消费者心目中首选的网上综合购物商城。

总的来说，客户体验是一个多维的概念，主要指的是顾客在整个购买过程中对企业产品的认知、情绪、行为、感官和社会反应（Lemon and Verhoef，2016）。[1]商业实践也将客户体验宽泛地定义为"涵盖公司产品的每个方面，包括客户服务的质量、广告、包装、产品和服务的特征、产品的易用性和可靠性……是客户在与公司所有直接或间接接触过程中产生的内部和主观反映"（Meyer and Schwager，2007）。[2]客户体验发生在客户旅程的预购（包括搜索）、购买和售后的全过程，是一个迭代过去经验和动态纳入新的内外部因素的过程。

体验营销与传统营销的区别主要体现在：其一，体验营销关注顾客体验。体验营销通过体验将公司和品牌与消费者的生活方式联系起来，并且将消费者的消费行为和购买场景放到了更广泛的社会环境之中。其二，体验营销关注消费场景的考察。体验营销摒弃把产品看作独立个体的思维方式，取而代之的是考虑社会文化背景中的消费变量，让消费为顾客带来更加丰富的体验。其三，体验营销认为消费的驱动力既有理性因素，也有感性因素。

① Lemon K N, Verhoef P C. Understanding Customer Experience Throughout the Customer Journey. Journal of Marketing A Quarterly Publication of the American Marketing Association, 2016, 80(6): 69–96.

② Meyer C, Schwager A. Understanding Customer Experience. Harvard Business Review, 2007, 85(2):116.

虽然说顾客常作出理性决策，但他们也会受到情感的驱使，因为消费体验常常倾向于追求梦幻感觉和乐趣。其四，体验营销的方法和工具都比较折中。与传统营销分析性强、定量以及处理语言信息的方法相比，体验营销者采用的方法和工具比较多变，而且多元化（Schmitt，2004）。[①]综上，体验营销相比传统营销更以关注顾客体验为核心，注重消费场景的考察并将消费者的感性因素纳入营销管理范畴，使用的方法和工具相对折中，能更好地帮助企业迎合当今快速发展的市场中挑剔的消费者，应对日新月异的信息技术、品牌塑造和传播引发的革命。

❶ 传递信任

京东以销售 3C 产品起家，而 3C 产品在物流运输上相对于服装和其他小商品有更高的要求（如避免摔碰），因此刘强东曾表示在运营之初京东最大的困扰之一就是"当时根本找不到一家物流公司能够满足京东订单交付的物流服务要求"[②]。为了保证顾客的收货质量和收货时效，京东结合市场需求和行业发展的态势认为电子商务配送系统的革新势在必行，新的配送系统必须建立在观念的更新和对现代物流的正确理解之上，还要注重研究开发物流配送技术和装备以降低物流成本、提高物流配

[①] Schmitt B H. 体验营销：如何增强公司及品牌的亲和力. 北京：清华大学出版社，2004：24-27.

[②] 刘强东的重大布局，京东如何倒逼中国物流转型升级.（2017-04-28）. http://www.sohu.com/a/136918274_343156.

送效率。于是 2007 年获得第一笔融资之后，京东开始自建物流。2017 年 4 月，京东物流集团正式成立，面向社会全面开放。目前，京东物流已发展成为全球唯一拥有中小件、大件、冷链、B2B、跨境及众包六大物流网络的企业，截至 2019 年 5 月底，京东物流在全国范围内运营 515 个物流中心、14 座大型智能化物流中心"亚洲一号"。京东立志将"亚洲一号"打造成亚洲范围内建筑规模最大、自动化程度最高的现代化物流中心。京东物流已成为全国拥有最大规模基础设施的物流企业，基础设施面积超过 1 200 万平方米。

1.1　万水千山只等闲

京东物流大件网络和中小件网络已实现全国行政区县 100% 覆盖，自营配送服务覆盖全国 99% 的人口，偏远的云南省泸水市就是其中之一。云南省泸水市地处横断山脉纵谷地带，境内雄奇险秀的峡谷山川是"三江并流"世界自然遗产和中国香格里拉生态旅游区的重要组成部分，"山高谷深平地少"是泸水市全境地貌最突出的特点。这里的傈僳族山民一直以来由于地形地貌的限制难以便捷地采购各种生活用品和其他商品，网购更是山民想都不敢想的购物方式。随着京东物流网点的大范围铺设，现在的傈僳族山民只需要点点鼠标、点点手机，可靠的京东快递送货员就会及时将他们采购的商品送达。快递员朱坤陶就是京东在泸水市的配送员，每天早上他骑着摩托车离开配送站来到怒江边，停下自己

的配送摩托车，系上滑索，背着货物乘坐索道跨越滚滚的怒江水
（如图 7-2 所示）。当他到达山民家里的时候，山民朋友常常已经
为他准备好一杯热水，感谢他翻山越岭将商品按时送达。现在京
东正在尝试无人机送货，未来能够更好地保障极限环境里的客户
买到称心的商品。

图 7-2   京东快递员送货

1.2   雪中送炭

2018 年首次大范围雨雪天气是入冬以来范围最广、强度最大
的一次降雪过程。大规模的降雪为市民生活带来了不便，而"剁
手党"最关心的是大雪封路之后自己日思夜想的"宝贝"能否按
时送达。1 月 4 日傍晚，湖北省襄阳市杜先生在微博上大力为下
雪天京东的配送速度点赞："我对京东很服气，下再大雪竟然一点
不影响它的送货效率。"当晚 11 点半左右杜先生又发了一条微博：

"看到还在路上的快递，我真的很想大声告诉他们：真的，我不着急，雪大路滑，你们千万千万慢点开车。"京东物流配送员陈小庆说，他配送的区域内，很多客户和他已经成了朋友，"这两天天气不好，我每天都提前半小时到站点，这样可以早点出发，把客户的货按时送达"，"我肯定会尽我所能，不辜负他们对我的信任，对京东的信任"①。

1.3　有温度的年货

每逢春节，对于广大"网购族"来说有一种痛就是："我们有钱买年货，可是快递员不送货"。而京东 2013—2018 年连续六年坚持春节不打烊，将承载着年味的快递送到大家手中。2018 年春节期间一封京东物流小哥的暖心信件刷爆了朋友圈（如图 7-3 所示），信里写道："我是一个普普通通的京东物流小哥。春节越来越近了，如果您在京东购买了年货，请您放心我一定以最快的速度把它送到您手里，让您感受到年货带来的喜悦……有我在，请放心，无论风里、雪里还是假期里，您一直在我心里。"②

---

① 网友点赞京东：雪再大都不影响送货效率. (2018-01-06). http://news.cnhubei.com/xw/wuhan/201801/t4056883.shtml.

② 京东物流小哥暖心信件刷爆朋友圈！网友直呼：他们是最美的人. (2018-02-09). http://www.sohu.com/a/221817284_609331.

"过年好，我是京东物流，您的年货到了。"

我是一个普普通通的京东物流小哥。春节越来越近了，如果您在京东上购买了年货，请您放心我一定以最快的速度把它送到您手里，让您感受到年货带来的喜悦。

说心里话，我也希望能够回家过年，也想跟家人团聚，但为了给家人创造更好的生活，更为您在春节期间也能享受正常服务，我和我的千千万万的兄弟们一起选择坚守在工作岗位上。

也许您不知道，其实早在2013年，我们便有兄弟在过年的时候选择继续给您送货，这些年来，我们有越来越多的兄弟加入进来。从过年敲开了第一扇门开始，到如今我们已经见证了千家万户的团圆。

我很喜欢我的工作，尽管它经常很繁重，尽管它偶尔会带给我委屈。但对我而言，每一个包裹都是一份寄托，它穿越千山万水，跨越万里河山，最后来到我的手里，由我完成这最后的传递。我不知道里面装的是什么，但我很期待每个收件人收到它的那一刻都是喜悦的。

跟往年一样，今年春节我的工作还是配送一件件包裹，拨打一通通电话，敲开一扇扇屋门。跟往年不一样，在公司的支持和奖励下，今年春节，我像往年其他同事一样，也把孩子接到了我所在的城市团聚。

今年春节，如果我的来电打扰了您的休息，请您原谅，因为我比任何人都希望尽快把包裹送到您手里。如果我的上门，叨扰了您的欢聚，请您谅解，因为我更希望我们的服务能给您增添节日喜气。

过年了，愿我们身上那一抹京东红，能给您带去春节的喜庆。有我在，请放心，无论风里、雪里还是假期里，您一直在我心里。

——2018年2月
京东物流小哥

图7-3　来自京东快递小哥的一封信

1.4　说一不二

为了打造客户体验最优的物流履约平台，京东在物流配送服务上不断创新，为客户提供了很多暖心的常规物流配送模式外的限时服务：

- 211 限时达。当日上午 11：00 前提交的现货订单（部分城市为上午 10：00 前，服务的城市有：德阳市、杭州市、连云港市、眉山市、绵阳市、西安市、漳州市、资阳市），当日送达；当日 23：00 前提交的现货订单，次日 15：00 前送达。

- 极速达。极速达配送服务是京东为消费者提供的一项个性化付费增值服务。如果消费者选择极速达配送服务，通过在线支付方式成功全额付款或选择货到付款方式成功提交订单后，京东会在 2 小时内将商品送至消费者所留的收货地址。

- 京准达。京准达配送服务是京东为消费者提供的一项可以选择精确收货时间段的增值服务。如果消费者选择京准达配送服务，通过在线支付方式成功全额付款或通过货到付款方式成功提交订单后，京东将在消费者指定的时间段内，将支持京准达配送服务的商品送至收货地址。

- 京尊达。京尊达配送服务主要是为购买标有"京尊达"服务标识商品的客户提供的高端配送服务，适用京尊达配送服务的订单商品，会搭配专属的商品包装，由穿着正装、戴白手套的配送人员驾驶新能源汽车送至收货地址。

2018 年 4 月，京东物流还推出了"闪电送"时效产品体系，

对之前通过达达 – 京东到家 ① 布局的本地生活服务能力进行全面升级，消费者可以更快速地买到京东平台的商品，享受快速的送货上门服务。

❷ 大孩子的童年回忆

每个人的童年都像五彩斑斓的小溪，缓缓地流淌着。童年的记忆就像溪流中的一朵朵水花，永远珍藏在每个人最纯净、最快乐、最柔软的内心深处。在 2017 年六一儿童节来临之际，京东为成人定制了一场名为"像个孩子，乐在京东"的大型线上主题日活动。围绕这个主题，京东推出了一个名为"大孩子童话"的 H5，结合大家熟悉的《超人总动员》《飞屋环游记》和《冰雪奇缘》三个迪士尼动画故事，运用精美的剪纸翻转形式以及活泼的广告语，引发消费者回忆、思索进而产生共鸣，营造一个老少皆宜的节日氛围。②

2.1 超人总动员

《超人总动员》讲述的是一个名叫鲍勃的超人特工的故事。鲍勃喜欢惩恶扬善，深受街坊邻里的爱戴。他和另一个超人女特工相爱，结婚后过上了平静的生活。多年过去，中年的超人鲍勃已经大腹便便，像普通人一样生活并当上了保险公司的理赔员。然而当他知道有发明家要实施攻击超人特工队、毁灭人类的计划时，

---

① 达达 – 京东到家 2019 年 12 月更名为达达集团。
② 这个 6 · 1，京东牵手迪士尼讲了一个大孩子的童话故事.（2017–06–01）. https://www.digitaling.com/projects/21863.html.

决定再次担负起拯救人类的重任。与他共同直面这次挑战的还有他的妻子"弹力女超人"，他们重出江湖，挽救人类护卫地球……京东借助《超人总动员》塑造的超人形象提出广告语"默默守护着需要你的人们"，既是说超人鲍勃对家庭和人类的守护，也让消费者联想到京东对客户的守护。另一句广告语"童话和京东都是真的"一语双关地引发消费者对童话故事的美好遐想，同时传递了京东商城无假货的关键信息（见图7-4）。

图7-4 "大孩子童话"活动截屏1

2.2 飞屋环游记

《飞屋环游记》讲述了一个名叫卡尔·弗雷德里克森的老人曾经与老伴约定去南美洲失落的"天堂瀑布"探险，却因为生活奔波直到老伴去世也未能成行。听说政府要强拆自己的老屋，他决定带着屋子飞向瀑布，路上他与结识的小胖子罗素一起冒险。京东借助卡尔·弗雷德里克森的形象提出"没关系，梦想什么的总是有缺陷才完美"以及"全民年中购物节，全品爆发，大牌好货带你飞"两句广告语。第一句广告语唤起了消费者对人生的思考：谁的梦想和现实没有差距呢？引发消费者共鸣。后一句广告语紧紧扣住《飞屋环游记》的"飞"，使消费者从梦想与现实的失落中跳出；强调"大牌好货带你飞"，使消费者迅速感到生活的畅快并激发购物的欲望（见图7-5）。

图7-5 "大孩子童话"活动截屏2

2.3 冰雪奇缘

《冰雪奇缘》改编自安徒生童话《白雪皇后》，讲述了自幼拥有冰雪魔力的公主艾莎因为一次意外令自己的王国——阿伦黛尔永远地被冰天雪地覆盖，为了寻回夏天，艾莎的妹妹小公主安娜和山民克里斯托夫以及他的驯鹿搭档组队出发，开启了一段拯救王国的历险之旅。京东结合两位公主的形象设计广告语"为什么

自己生来就跟别人不一样"，一方面道出了故事主人公艾莎的苦
楚，另一方面表达了京东对每个与众不同的消费者的关注，因为
2017 年 "6·18" 购物节京东根据每个消费者的不同喜好打造了
专属页面，不同消费者看到的商品、店铺、清单、会场很可能不
一样，真正做到了 "让货找人"；另一句广告语 "谁说雪花一定要
融化在夏天的烈日下"，道出了此次年中活动中消费者可以得到盛
夏里难遇的 "冰点价格"，谁又能无视冰点价格的巨大吸引呢？
图 7 - 6 为相关活动截屏。

图 7 - 6 "大孩子童话" 活动截屏 3

❸ 每日的新鲜主张

7FRESH 是京东 2018 年开业的线下生鲜超市，是京东对线上 +
线下场景融合的新尝试（见图 7 - 7）。7FRESH 向消费者传达了

"一周七天，每天新鲜"的消费价值主张，所售商品中生鲜产品占比达 70%，其中有 20% 的产品为海外直采。京东通过加强商品保质期的管理及缩短商品运输周期，力保海鲜、肉禽、蛋奶等品类产品新鲜，为用户提供更放心的选择。7FRESH 试营业前三天，每天到店人数均超过 1 万人，试营业首日 App 注册用户数对比上线第一天增长 3 000%。[①] 2019 智慧零售潜力 TOP100 排行榜上，7FRESH 排第 51 名。

图 7-7　7FRESH 商品展柜一角

3.1　外有颜内有料

在外观上，7FRESH 店铺整体呈现出简洁、大方、温暖的风格，店内通道设计宽敞，装修也十分精致，并且按照商品的功能特点对不同商品区域进行了细部优化：比如海鲜区用磨平了的扇形贝壳马赛克装饰墙面，与海鲜区"水"的特色相映成趣，增加

---

① 豁出去了！阿里上门茬架，京东生鲜超市唯有舍命狂奔.（2018-01-05）. https://www.sohu.com/a/214873897_131976.

了身处其中的视觉审美体验。7FRESH 的商品品类齐全，包装大气、陈列规整，品相诱人。水果区有鲜红透亮的苹果、果香四溢的香蕉、像团火焰的火龙果、白里透粉的蜜桃、晶莹剔透的葡萄……海鲜区有鲜活速冻的黄鱼、肥美饱满的海白虾、神气十足的青蟹……令人眼花缭乱，垂涎三尺。

3.2 边买边吃

消费者在 7FRESH 不仅能买到优质、新鲜、可靠的商品，还能立即享受鲜香的美食。例如东方餐饮区可加工各类海鲜商品，用户可以将购买的活鲜交给后厨烹饪加工，从古巴龙虾鳗鱼饭到日本海鲜组合再到可口的帝王蟹，消费者都能够立等即享饕餮美食。西方餐饮区还有各种西式餐饮和酒吧。酒吧中一款爆火的商品就是"人脸拉花"咖啡，用户只要用手机扫码，将自拍照上传系统，一杯印有自拍照的咖啡很快就调制好（见图 7-8），小杯售价只有 20 元。在烘焙区，7FRESH 还请来了我国第一位在法国米其林注册的烘焙师彭程，她精心制作的甜品香甜四溢，十分诱人。

图 7-8　7FRESH 的"人脸拉花"咖啡

3.3 轻松炫酷

京东还在 7FRESH 投放了新研发的智能购物车（见图 7-9）。

智能购物车彻底解放了顾客的双手，顾客在购物过程中佩戴一个手环，就可以随心所欲地在门店内穿梭，无论是抱着孩子的奶爸奶妈还是手无缚鸡之力的小萝莉，都不会再有拿不动的担忧。智能购物车就像每位顾客最忠实的"跟班"，顾客走到哪里，它就跟到哪里。智能购物车具备跟随、避障、导航等多种功能。不得不说，暖心的智能购物车让购物变得轻松又炫酷。

图 7-9　智能购物车

3.4　魔镜，魔镜，告诉我最好吃的水果是哪个……

京东还在 7FRESH 门店里启用了新型"黑科技"：帮助顾客识别水果身份的魔镜溯源系统（见图 7-10）。选购水果的顾客只需要将某种水果靠近感应器，魔镜溯源系统的屏幕上就会自动线上搜索显示水果的详细信息，包括水果的产地、水果甜度等。魔镜溯源系统让消费者能够追踪水果的生产源头并量化考察水果的口感。

图 7 - 10　魔镜溯源系统

❹ 买大牌，用京东!

自"促进消费升级"被提出以来，"消费升级"成为商业热词之一。京东抓住契机与奢侈品生产商深度合作，在提升平台品质的同时提高消费者心目中的平台形象。

近年来，在经济大势疲软、新型消费市场持续升级的背景下，曾经傲视全球的奢侈品大牌开始向电商靠拢，阿玛尼就是其中之一。对于奢侈品品牌来说，网络销售对高端品牌形象的影响是其对电商一直持观望态度的最重要原因。阿玛尼在选择合作平台方面极为谨慎。京东多次与阿玛尼洽谈，终于在 2017 年 4 月让阿玛尼品牌旗下 Armani Jeans、EA7、Emporio Armani Underwear 入驻京东自营。2017 年 8 月，Emporio Armani 和 Armani Exchange 入驻京东自营。2017 年底，阿玛尼京东旗舰店实现全网官方渠道销售第一。2017 年"双 11"期间，京东推出了"王牌代言活动"，阿玛尼作为王牌代言品牌之一出现在网页最显眼的京东秒杀的位置。"双 11"期间，京东的高质量会员 PLUS 的贡献占阿玛尼旗舰店成交额的一半以上。

反过来，阿玛尼、Rayban、Tag Heuer 等国际知名一线奢侈品生产商入驻京东也使得京东在消费者心目中的地位大大提高。截至 2019 年底，意大利鞋履品牌 Giuseppe Zanotti，英国品牌 Mulberry、Paul Smith，巴黎品牌 Sandro，法国顶级珠宝品牌 FRED，瑞士斯沃琪集团，PRADA 集团旗下三大品牌 Prada、Miu Miu 和 Car Shoe 等陆续入驻京东。

京东用自己的平台实力证明："不知道选择哪个电商平台，就选京东！"

京东客户体验管理涉及五个基本战略模块（见图 7-11）：一是感官模块。感官体验管理就是利用各种感觉，即视觉、听觉、触觉、味觉和嗅觉，创造感官体验，帮助公司实现产品差异化，激励顾客购买，为产品带来增值。二是情感模块。情感体验管理的目的是将情感刺激（事件、动因和目标）作为情感战略的一部分，对消费者的情绪或是情感产生影响。三是思考模块。思考体验管理的目的就是利用混合的、让人出乎意料的刺激激发兴趣，以具有指导性和连续性的思考方式唤起消费者的创造性思维，增进消费者对产品和品牌的认知。四是行动模块。行动体验管理就

是为消费者创造各种各样的体验机会，包括身体体验、长期行为
模式体验、生活方式体验以及与人互动的体验，等等。五是关联
模块。关联体验管理是个体与品牌中所体现的社会、文化、背景
关联，它超出个人感官、情感、思考和行动的范畴，意味着和他
人、社会团体或国家、社会文化这样更广范围、更抽象的社会实
体的联系（Schmitt，2004）。[①]

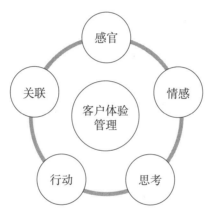

图 7 – 11　客户体验管理的基本战略模块

前面提到的"传递信任"案例主要涉及情感和行动两个模块；
"大孩子的童年回忆"案例主要涉及思考模块；"每日的新鲜主张"
案例涉及感官、情感、思考、行动和关联五个模块；"买大牌，用
京东！"案例主要涉及行动和关联两个模块。具体案例章节、内容
与战略体验模块（strategic experiential module，SEM）的对应关系
见表 7 – 1。

---

① Schmitt B H. 体验营销：如何增强公司及品牌的亲和力. 北京：清华大学出
版社，2004：59-64.

表 7 - 1 京东案例中的战略体验模块分析

案例	SEM	案例内容概述
万水千山只等闲	情感	配送员翻山越岭送货只为不负客户所托，山民常常早早准备好热水慰劳辛苦的快递员。
	行动	傈僳族山民从前由于地形限制采购困难，随着京东物流网点的扩大，点点鼠标就能买到称心的商品。
雪中送炭	情感	京东物流配送员冒雪按时配送。客户多次发微博回应该行为，表达对京东物流小哥的感谢和关心。
有温度的年货	情感	2018 年春节期间微信朋友圈里京东物流小哥致顾客的一封温暖信件写道："请您放心我一定以最快的速度把它送到您手里，让您感受到年货带来的喜悦……有我在，请放心，无论风里、雪里还是假期里，您一直在我心里。"
	行动	网购族普遍认为过年没快递、不网购，而京东做到过年不打烊，改变了消费者长期以来的行为模式体验。
说一不二	情感	京东物流为满足顾客的各种需求贴心定制 211 限时达、极速达、京准达和京尊达等服务，让消费者感受到平台对消费者需求的关注和用心。
	行动	京东物流提供的 211 限时达、极速达、京准达和京尊达等服务改变了消费者传统的网购和收货模式。
超人总动员	思考	借助《超人总动员》的人物和引发思考的广告语传达京东对消费者的守护和京东商城无假货的信息。
飞屋环游记	思考	借助《飞屋环游记》的人物和引发思考的广告语令消费者产生共鸣并激发消费者的购物欲。
冰雪奇缘	思考	借助《冰雪奇缘》的人物和引发思考的广告语表达京东对每个与众不同的消费者的关注并强调"6·18"活动的"冰点价格"。
外有颜内有料	感官	商品饱满新鲜的卖相直接刺激了消费者的购买欲望。此外，7FRESH 简洁、大方、温暖的风格和各个区域与商品相映成趣的装修增加了顾客身处其中的视觉审美体验。

续表

案例	SEM	案例内容概述
边买边吃	感官	7FRESH 后厨可直接烹饪在店里购买到的生鲜食品，消费者能够立即享受美味盛宴。"人脸拉花"咖啡更是视觉和味觉的双重享受。
	关联	在法国米其林注册的烘焙师亲自烘焙增加了消费者对 7FRESH 的关联感。
轻松炫酷	情感	智能购物车使消费者双手得到解放，无论是抱着孩子的奶爸奶妈还是手无缚鸡之力的小萝莉，都不会再有拿不动的担忧，智能购物车体现了 7FRESH 对消费者的关怀。
	行动	解放双手，有智能购物车"跟班"的购物模式改变了顾客传统的采购商品模式。
魔镜，魔镜，告诉我最好吃的水果是哪个……	思考	"魔镜"能提供水果的产地、水果甜度等信息，让消费者能够追踪水果的生产源头并量化考察水果的口感。
	行动	消费者能够通过"魔镜"获得水果的量化数据，与以往只通过外观盲目判断水果口感完全不同。
买大牌，用京东！	关联	京东与奢侈品生产商深度合作，提升平台品质的同时提高消费者心目中的平台形象。
	行动	一线奢侈品生产商入驻京东使消费者能便捷地通过网购买到全世界大牌商品，改变了消费者以往的奢侈品消费模式。

　　体验的结构层次包括个体体验和共有体验两个层次（见图 7-12）。[①] 个体体验是个体层次的感官、情感和思考构成的消费体验。也就是说在设计个体体验营销战略时，要将个体引导到感官、情感和思考上。共有体验是基于社会文化的由关联体验和

---

① Schmitt B H. 体验营销：如何增强公司及品牌的亲和力. 北京：清华大学出版社，2004：195.

行动体验构成的，通常是与参照群体（真实群体或想象群体）相关的体验，或有他人参与情况下产生的体验。

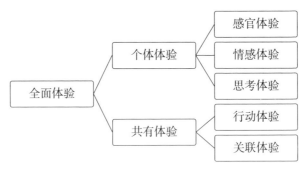

图 7－12　体验的结构层次

体验的结构类型包括单一体验、混合体验和全面体验三种。

单一体验是指客户体验管理模块中的某个单一模块的单独使用，包括感官单一体验、情感单一体验、思考单一体验、行动单一体验以及关联单一体验。

混合体验是两个或更多的战略体验模块的联合。个体体验混合由感官与情感混合模式、感官和思考混合模式以及情感和思考混合模式构成。个体／共有体验混合由个体体验中的感官模块、情感模块和思考模块与共同体验中的行动模块和意义更广泛的社会文化关联模块组合而成。共有体验混合由关联模块和个体的行动模块组合而成（见图 7－13）。

全面体验则是感官、情感、思考、行动以及关联五个模块的共同联合。①

---

①　Schmitt B H. 体验营销：如何增强公司及品牌的亲和力. 北京：清华大学出版社，2004：196–197.

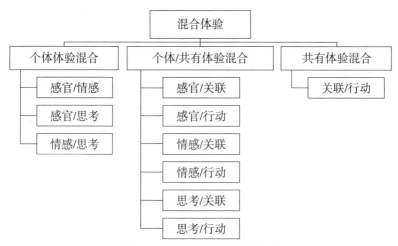

图 7 - 13　混合体验的结构类型

　　混合体验和全面体验不仅仅是两个或更多模块的简单叠加，不同体验模块之间的相互作用会使消费者产生全新的体验感受。

　　京东的客户体验管理是全面体验的管理，针对不同的领域、商品和事件，京东选择了合适的战略模块及其组合。案例中四个营销实践涉及的客户体验管理的战略模块是以表 7 - 2 中展示的结构层次组合在一起的。

表 7 - 2　战略模块的结构层次及类型分析

案例 知识点	传递信任	大孩子的 童年回忆	每日的 新鲜主张	买大牌， 用京东！
主要模块	情感＋行动	思考	感官＋关联＋情感＋行动＋思考	行动＋关联
结构层次	个体／共有体验	个体体验	个体／共有体验	共有体验
结构类型	个体／共有体验混合	个体体验混合	全面体验	共有体验混合

具体来讲，"传递信任"案例中讲述了消费者对京东配送服务"不负所托"和"及时送达"的信赖以及京东配送对山民生活方式的改变（从购物不便到网络采购）、京东211限时达等服务对网购消费者收货时限的改变，即通过培养消费者情感和为消费者创造新生活方式体验达到客户体验管理目的，因此属于"情感＋行动"的个体／共有体验混合。"大孩子的童年回忆"案例中京东通过消费者熟悉的迪士尼动画故事和人物形象构建了新颖的陈述和设问式的广告语，消费者产生思索、共鸣并激发了消费欲望，因此属于思考模块构成的个体单一体验管理。"每日的新鲜主张"案例讲述了7FRESH为消费者提供的舒适的消费环境、精美的产品展示、高端的米其林厨师烘焙、暖心的解放双手购物、商品产地溯源与量化思考，即通过感官体验、行为模式体验和社会文化关联进行客户体验管理，因此属于"感官＋关联＋情感＋行动＋思考"的全面体验。"买大牌，用京东！"讲述了京东与国际奢侈品牌的联合，即通过联合品牌塑造建立品牌的社会联想并为消费者提供新的线上奢侈品购买体验，因此属于"行动＋关联"的共有体验混合。

⑤ 持续提升

2018年3月15日，京东内部公告成立"客户卓越体验部"，负责京东集团层面客户体验项目的推进，这体现了京东建立持续提升客户体验的长效机制、创造更优质的客户体验的决心。京东坚持"为消费者持续创造价值""以客户体验为中心"，努力提升客户体验管理水平。

进行客户体验管理，企业无法直接与每个消费者对话，于是通过体验媒介（ExPros）与消费者进行接触和沟通。体验媒介是营销人员打造感官、情感、思考、行动和关联营销活动时的战术的一部分，通常包括传播、视觉/语言标志、产品、联合品牌塑造、空间环境、网站和电子媒体、人员（见图 7 - 14）。

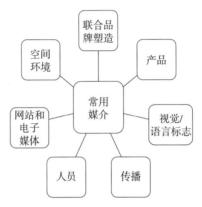

图 7 - 14　客户体验管理的常用体验媒介

● 传播。传播体验媒介包括广告公司外部和内部的传播、宣传册和实时通讯年报，以及塑造品牌的公共关系活动等。

● 视觉 / 语言标志。视觉 / 语言标志体验媒介包括名称、徽标和标志。

● 产品。产品体验媒介包括产品设计、包装和产品展示，以及作为包装和卖点一部分的品牌个性。

● 联合品牌塑造。联合品牌塑造体验媒介包括活动营销和赞助、建立联盟和合作伙伴关系、专利许可、产品在电影中的展示和联合营销活动以及其他类型的合作活动。

- 空间环境。空间环境包括建筑、办公场所、工厂、零售地点、公共场所以及交易摊位。
- 网站和电子媒体。网站和电子媒体包括互联网上各种类型的网站及通过电子信息技术来进行广告宣传的其他各种类型的媒体。
- 人员。人员包括销售人员、公司代表、服务提供者、顾客服务提供者，以及所有和公司或品牌有关联的人。①

构建体验矩阵可以帮助我们设计战略模块与媒介的结合方式，实现营销战略规划。体验矩阵的横行表示的是战略体验模块，纵列表示的是体验媒介。实施营销战略规划时应该从体验的强度、幅度、深度和联结四个层面出发考虑并决定战略体验模块和体验媒介的规划。②

对于客户体验管理的规划非常重要，尽管任何一种战略体验模块都可以通过所有体验媒介进行传播，但是特定的体验媒介会比其他媒介更适合某种体验。例如人员和传播是建立情感体验的关键，人员可以在消费过程中交流情感，而传播能建立起消费体验。其他体验媒介可以丰富这种体验，但如果没有适当的人员和传播，就很难打造出令人满意的全面情感品牌。

京东的四个案例分别针对不同层面的实践采用了合适的体验媒介："传递信任"案例中，主要结合了情感和思考两个战略模

---

①② Schmitt B H. 体验营销：如何增强公司及品牌的亲和力. 北京：清华大学出版社，2004：67–90.

块，运用传播、人员、网站和电子媒体达到客户体验管理的效果；"大孩子的童话"案例中主要调动了客户体验的思考战略模块，结合视觉／语言标志、网站和电子媒体向消费者传达品牌信息；"每日的新鲜主张"案例中采用感官、情感、思考、行动和关联五个营销模块，以产品、视觉／语言标志、网站和电子媒体以及空间环境为媒介创造客户体验价值；"买大牌，用京东！"案例中京东通过行动及关联两个战略模块结合联合品牌塑造、网站和电子媒体的方式向消费者传递共有（社会身份）体验价值。

以第一个案例"传递信任"为例构建的体验矩阵如图 7－15 所示。矩阵图可以结合以下几个维度理解：一是矩阵图中体验的横向延伸代表了体验的幅度。体验的幅度（即体验的丰富与简化问题）涉及体验媒介的管理，增加可以提供相同体验的其他媒介可以使体验丰富，但是必须考虑体验媒介的合适性。二是矩阵图中体验的纵向延伸代表了体验的深度。体验的深度（即体验的扩展与收缩问题）涉及战略体验模块的管理，包括应该从个体体验扩展为混合体验和全面体验，还是保持单一体验甚至收缩单一体验。三是矩阵图中单独矩阵元素的具体设计关系到体验的强度。体验的强度（即体验的强化与弱化问题）涉及需要控制单独矩阵元素传递的体验，既不平淡也不过火。四是矩阵图中战略体验模块以及体验媒介之间的相互关系是体验设计当中的联结问题。联结问题（也就是体验的结合与分散问题）涉及战略体验模块以及体验媒介之间的相互关系问题，建立联结必须以体验模块之间有恰当的结合点为前提。结合以上知识，"传递信任"营销实践中为了与客户建立良好的情感关联，京东围绕最适合用于建立情感体验的关键途径即人员和传播下功夫：在体验的幅度上，辅以网站推广；在体验的深度上，扩展行动体验，让消费者感受到全新购物模式带来的愉快购物经历；在体验的强度上，注重在关键事件（大雪造成配送困难）和关键节点（中国新年）上强化体验；在体验的联结上，以网站和人员推广为情感体验和行动体验的交点，这对于物流配送的产品和体验来讲是精准而合适的。

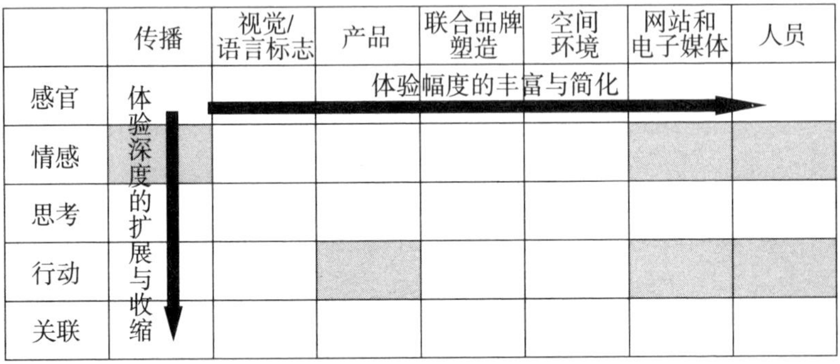

	传播	视觉/语言标志	产品	联合品牌塑造	空间环境	网站和电子媒体	人员
感官	体验深度的扩展与收缩			体验幅度的丰富与简化			
情感							
思考							
行动							
关联							

图 7-15　体验矩阵示例

从案例可以看出，京东之所以在客户体验管理方面取得成效，首先源于京东以客户为中心的战略导向，注重为消费者创造价值；其次京东成功地通过多渠道和媒体上的无数接触点与客户产生体验关联，客户在预购、购买和售后全过程中的体验更加充实丰富；更重要的是，面对消费者多元化、参与感和个性化的新消费需求，京东集团不断引入"注重感知、互联和智能的新技术"，推动体验和成本效率同时升级。如图 7-16 所示，在消费体验维度上技术推动消费体验进一步优化，京东平台能够做到"比你更懂你，所见即所得"；在成本／效率维度上技术推动零售基础设施一体化的开放，优化全零售系统的资金、商品、信息流动和效率，进一步提升成本效率。成本精简和体验优化两个维度的共同加强使得零售生产率边界右移，打破了传统电商成本／效率与体验的取舍关系，在降低成本的同时提升体验。

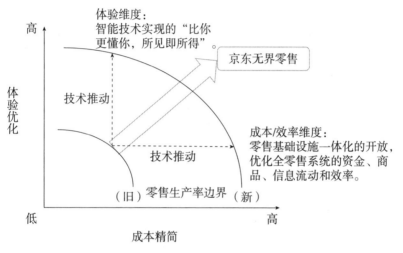

图 7－16　体验和成本／效率同时升级

资料来源：京东廖建文：第四次零售革命的五个鲜明标志. https://www.sohu.com/a/162 876553_310397.

那么中小企业又该怎样进行客户体验管理呢？中小企业首先要树立客户体验管理的意识，认识到客户体验管理的重要性。客户体验管理的实施可以分为五个步骤（见图 7－17）：一是分析客户的体验世界。了解客户的需求、体验现状，找到客户体验管理的切入点；二是构建体验平台。找到与客户的接触点，构建合适的传播、视觉／语言标志、产品、联合品牌塑造、空间环境、网站和电子媒体以及人员平台。三是设计品牌体验。设计包括体验的感官、情感、思考、行动、关联五个模块及其组合方式。四是构建客户体验。设计客户体验矩阵，考虑客户体验的强度、幅度、深度和联结。五是持续创新。建立充满激情的体验导向型组织，培养员工的创新力和创造力以及对体验的敏感程度，在实践中不断创新。

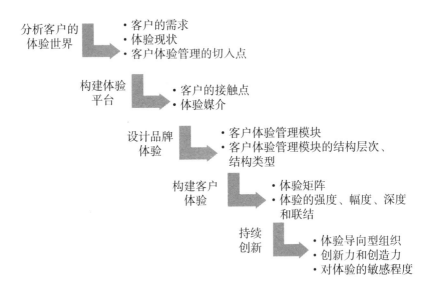

图 7 - 17　客户体验管理的实施

资料来源: Lemon K N, Verhoef P C. Understanding Customer Experience Throughout the Customer Journey. Journal of Marketing 2016, 80(6): 69–96.

第 8 章

京东顾客价值主张的
"变"与"不变"①

2020 年 3 月 2 日晚间，京东公布了 2019 年第四季度和全年财报。数据显示，京东 2019 年第四季度营收 1 707 亿元，同比增长 26.6%。2019 年全年，京东净收入为 5 769 亿元，同比增长 24.9%；其中，全年净服务收入为 662 亿元，同比增长 44.1%，全年归属于普通股股东的净利润达到 122 亿元，非美国通用会计准则下（Non-GAAP）归属于普通股股东的净利润增长 211%，达到 107 亿元。2019 年全年京东的自由现金流增至 195 亿元。

在时代潮流中，京东的顾客价值主张是如何随时代的变化而改变的？在这些变化中，是否有什么是不曾改变过的？

❶ "正品行货"的初心

1998 年 24 岁的刘强东带着工作两年积攒下来的 1.2 万元，在

---

① 本案例由西北大学经济管理学院张文明、李纯青（通讯作者）及北京航空航天大学经济管理学院周宁撰写。

中关村海开市场租下 4 平方米的柜台，买了一台二手电脑、一辆二手三轮车，一个人开始了创业之旅，创立了京东多媒体——京东的前身。

中关村大大小小的卖场，正是当时中国销售渠道状况最好的写照：正品与山寨货齐飞，消费者能否以合适的价格买到对的产品，取决于自己的眼力和砍价能力。京东多媒体就诞生于这样一个环境，卖婚纱影楼视频编辑的硬件和软件系统。

面对这样的环境，刘强东该如何对待顾客？是与大多数卖场"同流合污"，还是应该坚持自己的理念与主张？

与其他卖场不一样，京东坚持明码标价，拒绝还价。后来增售光盘，京东仍坚持不卖水货，不卖假光盘，只卖正品，也不做山寨货，并给客户开发票。当时光盘仿制非常简单，空白光盘加个 logo，再做个与正品一样的包装盒，就能获得比正品多十几倍的利润。现在看来，不卖水货、不卖假光盘不算什么，可是在当时的中关村卖场，没有几家能做到。

通过坚持"正品行货，不卖假货"的理念，慢慢地口口相传，京东多媒体积累起一批客户，开业三个月后，忙不过来的刘强东聘请了第一名员工。公司规模扩大后，从海开市场的档口搬到位于硅谷电脑城对面的北大资源楼，在那里刘强东接连租下三间办公室。这时候，公司转为售卖光磁产品、刻录机和录像带转制系统，其中 70% 卖给中关村各电脑城柜台，30% 经由柜台卖给个人。2002 年，京东多媒体在硅谷电脑城三楼开设第一个柜台，产品品类增加了光盘。柜台做生意的成交率比较高，十个客户能谈成七八笔生意。这是因为京东多媒体员工不仅卖东西，还提供额外的技术服务。他们当时并没有顾客体验的概念，有的是朴素的观念：把客户服务好，客户会成为回头客。2003 年京东成为国内最大的光磁产品销售商。

2011 年，北京中关村太平洋数码城倒闭，震动业内，彼时中国电商已是喷薄而出的朝阳，当年京东商城销售额超过 300 亿元，成为中国自营 B2C 电商老大，而中关村大大小小的电脑城已是落日的余晖，大量柜台撤离，楼层里空荡荡一片，电脑城谋求转为写字楼。

顾客价值主张（customer value proposition，CVP）是企业向目标顾客传达其共享某种特别资源或提供某种特别价值的能力信息的一种战略工具。[①] 刘强东认识到顾客希望买到放心的产品，一些商家却为了眼前利益售卖假货，所以刘强东坚持正品行货的理念。"让顾客买到正品产品"的价值主张无论对京东的员工还是顾客都产生了重大影响：员工坚持"把客户服务好，客户会成为回头客"的服务理念，顾客也开始信任京东，从而使京东成为国内最大的光磁产品销售商。

❷ "非典"带来的意外发现：低成本的线上销售

刘强东一头扎进零售的世界里，研究库存、采购，直至 2003

---

① Payne A, Frow P, Eggert A. The Customer Value Proposition: Evolution, Development, and Application in Marketing. Journal of the Academy of Marketing Science, 2017, 45(6):1–23.

年一个偶然事件的发生。北京通报第一起非典型性肺炎病例，死亡的阴影笼罩大江南北，从北京到广州，街头人影寥寥，依赖客流量的零售业受到重创，当时中关村所有电脑都在降价，平均降价幅度达到 30% ～ 40%。因为"非典"，京东多媒体采购的 1 000 多元一台的雅马哈刻录机（当时市面主流产品是 400 多元一台）没了买家，全积压在办公室里。IT 产品积压时间越长掉价越快，而且销量上不去，就拿不到返点，通常代理商的主要利润来源是返点。21 天，京东亏了 800 多万元。当时传言纷纷，都说"非典"要半年一年才能熬过去。

刘强东害怕员工感染"非典"，就把京东多媒体的 12 个柜台全部关闭。京东的一部分员工在高速公路封闭前离开了北京，一部分留在办公室，刘强东给他们提前备好食物。公司亏损厉害，大家坐在办公室里担心再过两三个月公司就要垮掉了，讨论怎么办。有位同事提出来，客户不能见面交易，为什么不通过互联网交易，这样就不用面对面了。京东多媒体员工开始在网络上发帖子，推销光盘，在 CDbest 这个论坛上，版主留言说，京东多媒体是他认识的唯一一家不卖假光盘的公司。5 年的正品坚持，5 年的口碑积累，换来了版主的一句话，才有了 21 名网友的初步信任。由此，京东迈出了线上零售的第一步。

他们的做法很简单，在论坛上发起团购活动，公布该期团购的产品参数、价格以及截止日期，留下 QQ 号作为联系方式。京东老员工李梅号称"京东电商第一人"，最早负责京东多媒体线上销售。她用笔和纸记录下客户名字，收到客户汇款之后，按照客户要求挨个到库房找货、打包，再通过邮政渠道把货发给客户，发短信告知客户快递单号。如果是中关村附近的客户，就由司机开着金杯小货车或者刘强东自己的红旗轿车送货上门。

刘强东由此对互联网产生了极大的兴趣，没日没夜地泡在网上，常常半夜还在发帖、回帖。那时候，公司已经搬到了中关村苏州街的银丰大厦，刘强东在此买下的第一套物业，既是办公室，又是住处。他白天晚上连轴转，困了就在房间里打地铺眯一会儿。

新的线上销售渠道能为京东的顾客带来些什么？京东的未来在线上还是在线下？刘强东该如何决策？

2004 年 1 月 1 日，京东多媒体网站（www.jdlaser.com）正式上线，推出 100 多个单品。网站特别粗糙，每款产品页面上只有纯文字、干巴巴的产品参数介绍，两三张产品图片，没有吸引人的描述，也没有品牌介绍。

2004 年的一天，刘强东召集员工商量，要砍掉公司线下业务，转型为纯线上的零售公司，原因是：在线上卖，消费者不用离开办公室，不用讨价还价，不用鉴别真假，就能得到更便宜的产品，连带开发票，消费体验会更好。而且，京东线上增速远远高于线下。他的想法并没有获得很多支持。员工的想法是，互联网普及率不高，很多人没有电脑，网络订单不靠谱，市场到底有多大，没人知道。线上增速快，是因为基数小，如果基数大了，还能保持这样的增速吗？刘强东预计到员工对转型电商的反对，但他已经决定关闭门店。最终柜台都被撤掉，只保留一个柜台用于采购。

3C 产品市场容量大、单价高、产品更新换代快、口碑辐射能力强，且已经积累了线下经验，所以京东选择以 3C 产品切入电商。

在这一时期，线下零售巨头对电商的态度漫不经心，但京东发现线上交易可降低成本，使京东商品保持质优价廉，顾客会主动宣传，所以京东认为未来零售业的前途是电商。在这样的环境下，京东"让顾客买到正品、低价的 3C 产品"的价值主张进一步取得顾客的信任，其 3C 产品在 B2C 市场上占据领先地位，这些促使刘强东决定从 3C 产品切入，转型为纯线上的零售公司。

❸ 刘强东的"一意孤行"：为了更好的顾客体验

到 2007 年左右，京东已经成为中国最大的手机、数码、电脑零售商。

作为 3C 产品的领先者，京东是否已高枕无忧？顾客对它的满意是稳定的吗？京东该如何做才能长久地留住顾客？

3.1　开启全品类战略

2007 年，刘强东不顾投资人和高管团队的反对，坚持实施全品类战略。他的理由很简单，除了 3C 产品，顾客还希望买到更加丰富的商品，京东若能满足他们的需求，就能把他们留下来。京东不能让消费者认为京东仅仅是一家卖 3C 产品的电商平台,京东要做的是一家大型零售公司,服务于普通大众,而不是一个小众的、有非常清晰标签的特定人群。京东先从 IT 产品、数码通信、小家电着手,然后扩大到大家电、日用百货和图书,在品类扩张上保持了很好的节奏。

做大家电这个项目,投入非常大,需要建单独的库房,配送也跟小件配送不一样,需要请背楼工把空调、冰箱给背上去,还涉及安装、售后等问题。公司管理层劝刘强东想清楚再做决定,刘强东非常果断:必须做,用户能来京东买手机,为什么不能买家电?家电厂商也需要京东,线下国美、苏宁占的份额太高了,厂商不挣钱很难生存。京东要发展,必须有新品类加入,没有新品类,发展就会遇到瓶颈。

3.2 自建仓配一体的物流体系

也是在 2007 年,刘强东考虑自建物流,仓配一体。这是亚马逊没有做的事情,亚马逊的物流建设重在仓储,最后一公里的配送交给了联邦快递和 UPS。中国的快递公司很长时间里多而乱,没有哪家公司(除了中国邮政)能够建成覆盖全国的网络。

刘强东在董事会提出自建物流的战略规划时,没有得到投资人的赞同。

促成刘强东决定自建物流的原因,其一是客户投诉超过一半是到货慢,或者货物摔坏了,都跟物流相关;其二是第三方快递公司不能做代收货款的业务,就算能做这块业务,也总是压款,另外风险也高，因为快递公司加盟店居多，有些老板卷款跑掉，公司却没有办法。

当时的物流行业就是这样，不可能指望行业改变，那就自己做。京东并没有详细的成本测算，也不知道怎么算，就是一条理由：这么干，用户体验好，更多的人来京东购物。

物流的特点之一是规模效应，只有达到一定规模，成本才能降低。按照京东的统计，一个城市每天超过 2 000 单，运营成本跟外包给第三方差不多。像北京、上海这样的核心城市，每天有几万件包裹，平均下来，每单费用远远低于第三方外包。京东的配送效率比快递公司高很多，如果京东不做快递，而是外包给其他快递公司，京东的物流成本将提高 30%。所以京东自建物流并不是提高了成本，反而节省了大量的成本。

值得一提的是，2016 年，京东成立 X 事业部和 Y 事业部，聚焦智慧物流的前瞻性研发和应用。X 事业部迅速展开无人仓、无人车和无人机的研发和落地。京东智慧物流已经形成集自动化运作、数据化运营和智慧化供应链为一体的运营体系。

这时，京东把自己定位为大型零售公司，同时认识到只有自建物流，才能根本解决到货慢及货物损坏等问题。于是，"让顾客快捷地买到正品、低价的全品类产品"的价值主张促使京东发展成为一家全品类大型零售公司并自建仓配一体的物流配送系统。

④ 顺应顾客需求，京东开放平台上线

作为一家全品类大型零售公司，顾客的一站式购物需求是否得到了满足？京东如何才能让顾客的购物更简单、快捷，从而使京东平台更具吸引力？

2010年10月，京东开放平台（POP）上线。京东为什么要上线POP？自营和POP这两种模式对京东平台都至关重要，缺一不可。所有的标准化产品，采取自营方式更优，比如联想笔记本电脑，京东动辄就是1万台的采购规模，其他卖家采购数量少得多，其采购成本不可能跟京东竞争。但是有一些非标准化的产品，没法自营，因为品牌高度分散，SKU（库存量单位）数量巨大，如果京东自营，成本高、运营效率低，没有优势。这种非标准化的产品，京东必须依赖平台卖家在京东平台上销售。比如服装，京东成立后很长一段时间没有在平台上销售。服装是需求量非常大的一类商品，也是网络销售第一大品类，必须把这个品类的品牌引到京东平台上才能满足消费者的一站式购物需求。从消费者的角度来说，消费者希望购物简单、快捷，不希望在京东平台上买完电子产品，再到别的平台上买书，然后再找一个平台买衣服，在几个平台之间来回切换。消费者也不希望在售后服务方面各平台都不一样。

京东既要让消费者有逛街的感觉，给予消费者众多选择，也要让消费者有京东平台的商品都是精品的感觉。在京东开放平台上线之前，京东基本以男性消费者为主，在京东开放平台上线后，京东

的新注册用户大多数都是女性。京东开放平台对完善消费者生态有不可替代的作用，也是京东走向平台生态的必由之路。

京东在开放第三方平台方面非常谨慎，所有入驻商家都要通过企业基本资质、行业资质、品牌资质、商品资质等审核。京东对第三方卖家的要求也非常严格，如果发现有一个 SKU 是假的，会按照合约向卖家罚款；京东还跟工商部门联合打假，通过技术、消费者评价等各方面的数据分析，一旦发现有卖假货的，京东会主动把卖家的所有资料提供给工商部门。同时，京东严管自己的员工。发现假货之后，涉及商品的三级管理人员一年之内不得升职加薪，如果一年发现三次，相关人员要被开除。京东付出了极大的努力来保证京东平台正品行货原则的落地。

❺ 坚持提升品质

现在的京东已相当成功，京东该如何深化和拓展正品行货的理念？

京东平台的核心是商品交易平台，上游是供应商，下游是消费者，平台必须对上游进行管控，为产品和服务的质量把关，通过整合上游产业链向消费者提供优质的产品和服务。因此，京东特别强调正品行货的理念。随着外部环境的变化，仅仅是正品行货显然已经无法满足京东平台生态的需求。因此，2015 年，京东在中国电子商务创新发展峰会上首次提出了"品质电商"的概念。品质电商是京东正品行货理念的升级版。品质电商是指依托电商活动提供满足或超越消费者期望的产品和服务，并能通过先进的技术和机制保障供需双方的高效精准对接，持续推动经济社会的品质发展。京东品质电商包括品质消费、品质生产、品质供应链、品质服务和金融服务等内容。

● 品质消费。京东电商大数据中包含大量的用户浏览、购买商品以及对商品的评论等数据。基于对用户消费行为、商品属性等大数据的分析和挖掘，可以产生用户画像和商品画像，并结合地域购买力偏好、商品生命周期等数据，准确完成推荐预测，提供符合用户期望、有品质保障的产品和服务。

● 品质生产。制造业已经开始发生变化，新的制造模式会转向品质导向，转向自我认知个性化。为了高效率设计和生产最符合用户需求的产品，供应商特别需要了解用户的需求，但往往苦于没有相应的畅通渠道。京东拥有海量用户的数据资源，可以准确了解其消费习惯、喜好和潜在需求，通过供应链信息的连接和配对，将用户对产品的需求反馈给产品生产厂家，能够帮助厂家在产品的创新和设计上有的放矢，缩短产品生产周期，减少生产成本，增加销量。

● 品质供应链。电商平台带来的是以需求为主导的供应链体系，这对供应链架构、大数据和云计算能力、流程设计、品类运营等方面的要求极高，其数据量、数据处理复杂程度、反应速度都是传统品牌和零售企业难以适应的。因此，京东正在探索将创意、设计、研发、制造、定价、营销、交易、仓储、配送、售后10个环节环环相扣，致力于描绘出整个网络结构，补全市场软肋，充分发挥营销、交易、仓储、配送、售后的作用，打造具有京东特色的供应链体系。

● 品质服务。在消费者层面，京东通过大数据分析来精准把握用户需求，提供的是 7×24 小时不间断的客户服务；在售后层面，提供上门换新、闪电退款、一键售后、售后到家等特色服务；在物流层面，为消费者提供 211 限时达、次日达、夜间配和京准达、GIS（地理信息系统）包裹实时追踪等服务；在技术层面，确保整个流程进行数字化管理。京东逐渐形成品类齐全、一站式便捷购物、快速配送、货到付款、不满意就退货等全方位的服务体系。

● 金融服务。京东打造供应链金融，聚焦优质产业链。京东先后推出"京保贝""京小贷""动产融资""企业金库"等金融产品服务于平台上的供应商、中小微企业，为它们提供应收账款融资、仓单质押贷款、小额信贷、理财等服务，解决中小企业融资难和供应链失衡的问题，推动产业发展。

到 2016 年，京东平台生态系统（见图 8-1）初步形成：京东电商交易平台满足了用户一站式购物需求；自建仓配一体的物流体系，可以更快速更高效地打通商品从生产端到消费端的流通链条；金融方面重点解决了支付环节的问题和中小型创新企业的融资问题；供应商和消费者通过京东电商平台实现了信息流的实时高效交互以及资金流、物流的有效流转；京东积极配合政府和行业协会等监管和服务机构，推动制定电子商务法律法规、行业标准及规范，以保护市场环境、知识产权，维护竞争秩序。

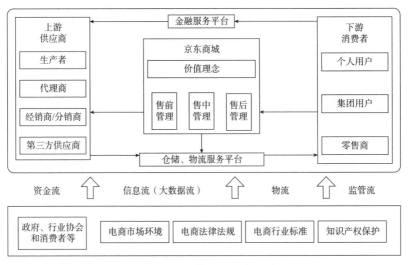

图 8-1 京东平台生态系统

京东通过提供基础设施和制定平台规则驱动整个生态系统良性发展，将过去完全交由市场、高度分散的双边/多边客户的互动，转变为通过平台创造的相关基础设施并加以聚合，通过京东平台构建的统一规则或（技术）标准实现互动，减少了双边客户为发现对方、实现互动而进行的冗余投资，提升了互动效率，降低了互动成本，并通过这种联系和互动为双方创造新的价值。京东平台与其双边客户及利益相关者突破传统时间与空间的限制，通过互联网形成了一个相互依赖、共生共荣的品质生态系统。

2016 年 11 月 23 日，京东推出了京东物流全新品牌标识，宣布京东物流将以品牌化运营方式全面对社会开放。2017 年开年大会上，刘强东宣布京东转型为一家纯技术公司，要成为中国商业零售领域的基础设施提供商。2017 年 4 月 25 日，京东正式组建京东物流集团。

京东物流可以为商家提供线上线下、多平台、全渠道、全生命周期、全供应链一体化的物流解决方案，实现商家 B2B、B2C、B2B2C 模式下的库存共享和订单集成处理；可为商家提供总分仓及平行仓的多仓运营服务，也可以为商家开通海外仓、国际运输、国内保税仓，为商家提供跨境物流服务；可结合金融服务产品开展仓单质押等金融服务。京东物流为品牌商提供供应链服务，其核心价值在于降低品牌商的渠道成本，提高运营效率，为它们创造价值。例如，京东可以根据品牌商区域销售特点安排商品在不同地区更合理地入库，省去了以往更多的转运环节，提高了商品流通的效率，缩短了商品抵达用户的时间，也保证了商品运输的安全。京东的做法不仅降低了品牌商的成本，也降低了整个社会的流通成本。

京东物流的目标是将 B2C 领域对终端消费者的服务能力延伸到整个商业领域，构建一个能够整合电商、金融、大数据、技术等各方资源的生态系统，推动物流行业的全面繁荣。

未来，着眼于整个中国零售的京东平台生态系统将在各方的共同努力下不断地进化和演变，为我国的零售、物流、消费者以及全社会创造全球领先的价值。

京东发现个性化消费正在崛起；假货与诚信问题影响消费者购物体验；企业库存高企；生产商与供应商资金短缺；恶性竞争扰乱行业秩序，阻碍制造业升级发展。京东认识到仅仅坚持正品行货已无法满足京东平台生态系统的需求，需要通过提供基础设施和制定平台规则驱动整个生态系统的良性发展。"做品质电商"的价值主张促使京东通过不断提升优化各产业链环节，形成京东平台生态系统，同时反哺和倒逼生产商提升品质，进一步提升用户体验。

顾客价值主张会随着时间的推移、客户受众和需求的变化，以及市场的发展而不断变化，但是目前学术界对这方面缺乏深入研究。根据前面的分析，我们看到京东的顾客价值主张随着顾客需求的变化、技术的进步等不断变化。正如刘强东所言，这些变化其实都是自然而然的事情，是京东顺应时代潮流的体现。

但是，从为顾客创造价值的视角来看，京东只是在不断拓展价值的内涵（从"正品"拓展为"正品、低价"，再到"正品、低价、快捷、全品类"，又到"正品、低价、快捷、全品类、一站式"，最后到"整个中国零售的品质"），以及传递价值的方式（从"柜台"到"电商"，再到"自建物流体系"，又到"开放 POP"，最后到"开放京东物流，并反哺和倒逼生产商提升品质"）。所以说，京东为顾客不断创造价值、不断提升顾客体验的原则从未变过。

随着移动互联网技术以及 AI 技术的发展，企业外部环境面临深刻变化，许多企业都在积极转变思想观念和商业理念，努力寻求一种颠覆式的创新方式以实现企业利润的增长和竞争优势的提高，于是需要面对顾客价值主张"变"与"不变"的艰难选择。

通过京东的案例可知，当技术的发展推动外部环境不断变化时，企业应坚守住不断为顾客创造价值，不断提升顾客体验的基本原则，即顾客价值主张对于顾客的价值，企业必须保持不变。但是，企业也应着眼于顾客的需求，积极利用技术拓展顾客价值的内涵，并利用技术不断革新价值传递的方式，即顾客价值主张中价值的内涵以及传递方式，企业应变。同时也应看到，技术的进步是没有终点的，顾客体验的提升也是没有止境的，所以，企业不断满足顾客需求的努力也是没有尽头的，即企业顾客价值主张的变是永不停息的。

第 9 章

京东来袭，"促"不及防：
京东的促销组合之路 [1]

2019 年的"双 11"前夕，对于很多年轻人来说都是一个不眠之夜。刚刚步入大二的管管已经是第二年参与"双 11"购物狂欢节了。当时间终于定格在 11 月 11 日 00：00 时，管管毫不犹豫地对京东购物车中的商品进行结算，突然她发现有几种商品可以凑单立减，这样更省钱，于是立刻去京东自营商品中选取凑单商品，经过反复挑选，终于确定了自己满意的商品组合，安心地支付结算。临睡前，她收到京东发来的物流信息。

❶ 半路杀出个"双 11"

管管平时活跃于京东、淘宝等各大电商平台，发现这些电商平台时不时有一些满减活动、赠优惠券活动，尤其以天猫的"双11"促销活动最为典型。

---

① 本案例由西北大学经济管理学院付媛、杨宇、李思钰、雷丹、郜帅亚、樊相君、曹露露、郑焱、李纯青（通讯作者）撰写。

2009 年 11 月 11 日，在这个被年轻人称作"光棍节"的日子，阿里巴巴悄然发起了一场前所未有的促销活动。当天 27 家品牌商最终实现了 5 000 万元销售额。"双 11"给中国的商业带来巨大的冲击，对于半路杀出的"双 11"，京东也不甘落后。

1.1 他山之石，可以攻玉——进军全品类

京东虽然不是"双 11"的发起者，却是一个积极的参与者。京东擅长的领域是 3C 产品，一开始并不具备淘宝那样的综合性网络零售的优势，入局"双 11"之初，京东缺乏足够的吸引力。

然而，刘强东看到消费者更希望在一个网站上能买到所有的东西，他开始不满足于只做家电网购。2010 年 11 月，图书上架销售，标志着京东开始从 3C 产品网络零售商向综合型网络零售商转型。随后的几年，京东先后进军 B2C 在线医药、奢侈品、电子书刊、化妆品、生活用品等领域，现在的京东已经完全改变消费者印象中的家电数码购物网站形象，只要打开京东 App，可以购买来自世界各地的各类商品。

从 10 月份开始，管管就时刻关注着天猫和京东的动向。10 月21—31 日的预热期，包含 11 个品类日活动，潮流日、智能日、匠心日、健康日、母婴日等轮番登场。11 月 1—10 日的促销期，秒杀日、超市狂欢日、生鲜狂欢日，买手机、买家电、抢神券。11月 11 日京东还有自营满 199 减 50、满 199 减 100、满 399 减 150、跨店满减等活动①。看着种类丰富的商品，管管和舍友算了算，觉

---

① 2019 京东双十一活动怎么玩？（2019-11-09）. https://zhuanlan.zhihu.com/p/87732651?from_voters_page=true.

得大家拼单买更划算。

1.2 独门秘籍——京东物流上线

京东和淘宝常常出现相当的价格和相似的促销优惠，精打细算的管管一番比较之后，最终在京东下单，原因就是京东配送很快。

越来越多的人注意到，每年"双 11"惊人的销售额的背后暴露出来的是配送短板。第三方物流公司配送服务质量参差不齐，慢递、损毁时有发生。

2007 年，京东拿到第一笔 1 000 万美元的融资，开始自建物流以保证良好的用户体验。短短几年，京东物流就以优质的服务赢得了消费者。京东凭借自己的独门秘籍与行业老大淘宝一较高下。

1.3 厚积薄发，锋芒显露

管管这样的网购常客已经变得足够理性，低价固然有吸引力，好的品质才更关键。面对各大电商每年"双 11"花样多变的促销，网购常客还会考虑产品质量、性价比、物流、售后等方面。

2012 年"双 11"，各大电商之间的争夺战白热化，各种各样的促销活动和传播攻势此起彼伏。天猫打出全场五折的促销口号，推出"喵星球"顶品牌红包等五大活动。随即，苏宁推出 300 元以下商品等额返现、线上线下通用优惠券；国美推出电器价格直降、全场满减等；亚马逊推出数十万商品低价促销、光棍节秒杀、大品牌底价大促；当当网推出亿元礼券返不停、每日底价"惠"不同、全场满减等。

面对各大电商的竞争压力，京东有自己的"双 11"促销方案，提出了"不光低价，快才痛快"的口号。这一口号符合京东一直倡导的功能利益诉求——"多、快、好、省"的用户体验。在强调价格优惠的同时更加凸显物流快这一重要的利益诉求点，这让热衷于"双 11"促销的目标消费者在低价之外获得多一重的功能利益。

在对"快"的投入上，京东制定了分工缜密的线上线下策略，采取线下做品牌、线上导流量的全营销策略。首先，京东广告全面覆盖。京东广告登陆江苏卫视，线下遍及车站、地铁、各大商城，并且在各大媒体、知名网站上全线投放广告。其次，敢于和竞争者正面交锋。在中央电视台广告时间，京东广告紧挨天猫广告，并且线下广告大多放在天猫广告对面，直面竞争。在社交媒体上营造慢递话题、正品京东话题，让网络用户参与讨论。另外和许多网络公司合作，打开一个 App，就会弹出几秒钟的京东"双 11"促销广告。

京东还在北京、上海举办了"京东快乐派"线下活动，巨大的吉祥物 Joy、"211 限时达"时钟以及多个趣味互动活动吸引了众多参与者，大家共同体验京东的"快"。这一系列营销活动创意十足。

2013 年，京东的"沙漠风暴"活动让利 10 亿元，推出送 5 000 万礼券、5 折封顶、满 200 减 100 等促销活动，并通过线上线下投放广告、举行品牌的户外活动、开发《保卫京豆》《打猫猫》游戏等方式吸引用户。

一系列的促销手段使京东在"双 11"的销售额逐年激增。2019 年，京东的"双 11"销售额达到 2 044 亿元。

❷ 国家品牌的武林同盟

2017 年 3 月 15 日，管管看到了许多新闻报道，在这一天，纽约的时代广场、莫斯科的红场、香港的铜锣湾等世界上众多著名标志性建筑的广告屏上同时出现鲜艳的中国红广告——"3·15"京东国家品牌日。在巨大的京东 logo 下是入选央视"国家品牌计划"的众多民族品牌。此举不仅仅是一场别开生面的营销活动，更是中国的优秀品牌在国际上的一次集体亮相，通过京东这一平台进行的一次高能集结。

2016 年，央视正式推出国家品牌计划，旨在从国家战略角度强化民族品牌的影响力。长期以来，我国是制造大国，却是品牌小国，中国的民族品牌在世界上竞争力不够强。打造一批拥有国际竞争力的中国品牌，是央视国家品牌计划诞生的初衷。

首批入选国家品牌计划的包括京东、联想等几十家知名企业。2017 年 3 月 15 日，京东联合联想、华为、格力等十几家入选国家品牌计划的品牌商共同推出京东国品日。京东方面表示，希望通过公共关系将京东国品日打造成一个品质诚信的购物节，帮助央视国家品牌计划成员建立一个与消费者沟通和互动的平台。

京东、央视基于共同的理念，将实现一场由两大行业巨头联袂搭台，十余个国家品牌担纲主角"唱戏"的品牌狂欢、品质盛宴。2017 年"3·15"的主题是"网络诚信，消费无忧"，京东国品日特意选定 3 月 15 日，就是希望消费者放心消费、找到更好的选择。这也是京东深耕电商多年，服务消费者秉承的理念。

京东之所以在 3 月 15 日这一天做促销，首先是因为相信自身产品、服务质量非常过硬。作为重资产模式的 B2C 电商平台，京东在质量把控上具有优势，对品质的追求、对原则的坚持一以贯之。其次，京东在国内品牌商中的信誉有口皆碑，又是中国最大的 B2C 平台，国品日需要一个能召集众多国内翘楚、行业领军品牌的牵头人，京东自然当仁不让。

京东国品日突出的是"与品牌相匹配的一流品质和可靠质量"。为了保证入选产品的一流品质和可靠质量，京东再次亮出质保利器——360 度质量保障体系，这一体系覆盖电商平台内部管理的全部流程：采销、质控、仓储、配送、售后、技术六大环节。

2018 年的京东国品日，京东通过开放自身大数据、商品管理、营销资源及物流售后等服务，为商家升级品质和服务提供全面支持；央视也利用自身平台优势，为更多优质的"中国制造"品牌提供品牌推广的优质资源，助推行业品质转型，推广品质消费理念。

京东依托自身"ABC 技术"（即人工智能、大数据、京东云），已形成一套从品质监管、品质提升到品质推广的完整的生态体系，在助推品牌商家进行品质优化的道路上已远远走在行业前列。由此，不仅有越来越多的优秀品牌选择与京东进行深度战略合作，还有诸多知名中国品牌选择在京东做新品首发。

2018 年京东国品日期间，京东与诸多国家品牌计划成员携手，亮相全球多个国家和地区的地标性广告大屏，暖暖的中国红色，代表的是中国企业开始通过品牌、通过质量来参与全球市场竞争。

这不是一次简单的广告宣传，而是一种宣誓，一种中国民族品牌关于质量的宣誓。尤其是在异国他乡，站在世界的舞台上进行宣传，无疑激发起中华儿女的爱国热情，在民族认同感提升的同时，也以消费者喜爱的方式从侧面进行了价值传播。

京东与央视这两大巨头使出浑身解数，运用公共关系联合各大品牌商共同打造京东国品日的口碑与影响力。

在京东国品日，京东对公共关系的三种主要工具进行了整合（见图9-1）。京东携手央视助推国家品牌计划，并将消费者权益保护日这一天定为京东国品日，在世界上众多著名标志性建筑的广告屏上同时投放中国红广告；进行宣传性公关，提高京东的知名度，使更多人了解京东，扩大京东的影响力，争取更多潜在顾客。

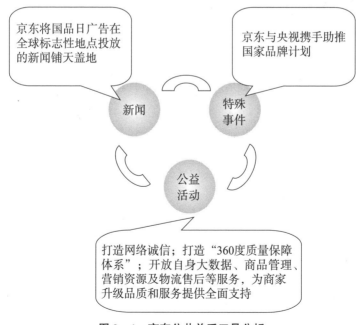

图9-1 京东公共关系工具分析

京东联合联想、华为、格力等十几家入选国家品牌计划的品牌商共同推出京东国品日，扮演央视与众多品牌商之间的沟通者角色，树立了京东在行业内的良好信誉，同时增强了消费者对京东的好感和信任。

为了配合众多一流品牌，京东拿出了自己的看家本领，与各个公众主体共建和谐的合作环境，比如360度质量保障体系、开放自身大数据、商品管理、营销资源及物流售后、ABC技术，等等。通过自身与各个公众主体之间的公共关系协调控制，京东着力改善整个生产经营环境，处理好与各类公众的关系，为价值传递与建立信誉打下基础。

京东国品日的主题深入人心，京东的各项举措及其目的如图9-2所示。

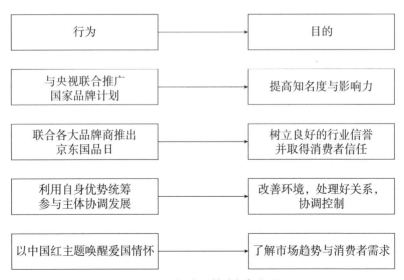

图9-2 行为目的分析框架图

❸ 广而告之，天下信之：京东超级品牌日

2018 年 4 月 29 日，管管发现"魅族手机"在京东手机 App 广告包场刷屏。一整天，管管上网的时候打开 App，就会弹出京东超级品牌日魅族的广告，用今日头条看新闻，里面也有京东超级品牌日的魅族流量端口。晚上，管管打开优酷，看到视频广告在播放京东的超级品牌日。在浏览微博的时候，管管看到京东官方的一则新闻，魅族手机在这一天，15 分钟销售量就突破 1 万台，1 分钟销售额突破千万元，33 分钟销售额便超过 2017 年"双 11"全天。[①]

从 2016 年 1 月起，手机京东在移动客户端开启了首个京东超级品牌日；3 月，开启超级品类日和超级单品日；7 月，京东"三超"实现无线端和 PC 端多屏打通，汇聚京东与品牌商双重优势及战略资源，发挥京东高品质电商能力，搭建品牌商与消费者互动的智能平台。

每月两次的京东超级品牌日依托京东的营销能力、大数据能力、运营能力和金融能力等，结合品牌自身的核心竞争力，整合线下广告、公共关系、网络投放、社交媒体传播，在超级品牌日当天为参与活动的品牌提供 24 小时全平台战略资源投入、强视觉曝光，实现全方位的消费者触达；京东超级品牌日在拉动商品销售的同时兼顾品牌形象和信息的巨大曝光，通过广告宣传手段开启联合型超级品牌日，为京东打造超级品牌的形象。

参加京东超级品牌日的商家也获得了巨大的好处，2017 年 2

---

① 15 分钟销量破万台！魅族公布超级品牌日战报.（2018–04–03）. https://www.sohu.com/a/229991318_237972.

月 1 日，洋河借势京东超级品牌日，在活动期间，利用京东的京 X 计划科学有序地规划优质流量，配合京东站内的曝光对消费者产生吸引力，助推超级品牌日当天曝光率的提升和销售转化（见图 9-3）。当日，洋河实现了数千万级消费者的大冲击曝光，有超过 10 万名年轻消费者购买产品，有效订单销售额超过京东年货节期间洋河日均销售额 20 倍，梦之蓝销售占比超过 50%，在销售额前 5 名产品中，有 3 款是洋河在电商渠道主推的礼盒装产品，京东自营洋河店铺沉淀新关注粉丝超过 6 000 名，这些战果圆满地实现了洋河对超级品牌日的期待，为洋河与京东的战略性合作打下了坚实的基础。

图 9-3　洋河京东超级品牌日宣传广告

2017 年 2 月 14 日，惠普在京东超级品牌日活动中刷新了多项销售纪录：活动上线 1 分钟销售额破亿元，20 分钟销售额超过 2016 年京东"双 11"全天销售额；活动全天惠普的销售额是其 2016 年京东"双 11"当天销售额的 2.18 倍，是 2017 年 1 月京东日均销售额的 30 倍。备受关注的首发新品暗影精灵 PRO 系列游戏本热销 32 000 台，创下惠普游戏本单日销售新纪录；小印照片系列、家用墨仓系列单日销售实现 50 倍增长，跃居当天京东家庭打印品类第一；全天销售创京东电脑品类单日销售额新纪录。

诸如此类的品牌还有很多，可以说京东的超级品牌日是为每一个品牌商打造的专属大型促销专场，覆盖近乎整个中国的网络。当良好的品牌形象和广阔的电商平台紧密结合的时候，强强合作可以很快赢得消费者的信任，超级品牌日爆发出的销售潜力是难以想象的。

京东超级品牌日的广告决策目标明确，即利用广告宣传首先让京东的"快"深入人心；改变跟跑"双 11"等促销潮；全方位广告覆盖。

京东超级品牌日的主要亮点在于全方位覆盖 + 精准营销。

京东超级品牌日是京东高品质、强大电商能力的集中呈现。基于大数据用户画像，对品牌粉丝进行精准化、个性化提纯，吸引粉丝广泛参与、深度互动；拉动品牌商在京东实现销售上的高峰目标，制造行业内的轰动效应，加强品牌的用户认知。

京东在超级品牌日利用很多网络广告的方法进行整合营销传播，结合品牌日的核心，集合 POP、线上线下进行全平台战略的投入。基于用户大数据进行精准化的定位，依据不同的消费者推出不同的广告，例如针对女装消费者是喜欢洛丽塔还是喜欢森系之类进行推广。依据接触平台的不同推出不同的广告，社交媒体的广告设计偏向互动性，例如微信上票圈的形式；视频前面的插片广告偏向与视频内容产生联系、互动等。表 9 - 1 列出了超级品牌日的广告促销方式。

表 9 - 1　超级品牌日的广告促销方式

超级预热	联合各大网络平台、App，进行全方位网络广告宣传，日销售额创新高。
"三超"上线	多屏打通超级品牌日（移动终端、无线端和 PC 端）。
超强曝光度	利用多种手段（线下广告、公共关系、网络投放、社交媒体传播等）。
"一超多赢"，强强联盟	一个超级品牌日，达到多赢状态。参加超级品牌日的商家、消费者、京东三赢。

❹ 星星之火，可以燎原

在零售界，随着经济放缓，便利店异军突起，增势迅速。如今电商发展趋于饱和，新零售、无界零售和智慧零售瞄准了堪比星星之火的便利店。三四线城市的便利店成为电商巨头眼中新鲜的流量入口，京东、天猫、苏宁纷纷加紧布局线下便利店，利用自身供应链与物流优势，试图燃起燎原之势。

4.1　武林争锋——电商高手的线下博弈

阿里巴巴启动了天猫小店挂牌改造计划，并称 2018 年要在全国落地 10 000 家天猫小店。天猫小店为店铺量身定制装修方案并对店铺运营提供专业指导，还引入了进口商品，这在简单的便利店是不可能实现的。

苏宁小店则采取直营和线上线下双运营模式，打出解决消费者"最后一公里"痛点的旗号，声称要提供一小时闪送服务。

不同于苏宁小店，京东采取联盟方式，类似"农村包围城市"，在线下与个体商户建立联盟，对它们授权并提供商品，使雇主对平台产生依赖，促进平台发展。[①]

4.2 聚沙成塔——京东便利店

浙江省嘉兴市东南郊区永利村一带的生态小镇周围田园环绕，像世外桃源，往里走才有了丝热闹。工人在一个店铺里忙碌着，这家店还未开张就已在当地有了名气。店主蔡先生说这是他加盟京东开的便利店。谈到这家店，蔡先生感慨万分。之前，蔡先生想开家小店却不知道如何下手，这时他看到京东便利店在找加盟商。起初他不明白京东作为网上购物网站为何要在这里建商店还找自己加盟，负责人解释后才明白。永利村地处开发新区，未来人流量大，目前物业急需大型品牌入驻，这个地方建商店是最好的选择。加盟可以降低京东的人员成本，扩大店主的自主权，调动店主的积极性。在为店主提供商品和物流，带来商誉和顾客的同时，加盟减少了京东平台的流量压力，促进了京东的线下发展。蔡先生2017年9月加盟京东便利店，12月开始营业，从京东旗下的一站式B2B订货平台"掌柜宝"上进货，物流直接送货到店。

4.3 如虎添翼——人工智能助力京东便利店

在当今时代，人工智能技术快速发展，应用广泛。为了降低线下便利店的人力成本，京东引入人工智能，建立无人超市。首

---

① 李蕴坤. 记者实地探访：京东"千家"便利店 阿里"万家"小店. IT时报，2018-04-30.

家无人超市在北京建立。

在无人超市中，店门外摆放着人脸识别仪器、智能广告牌，以及实时展示店内热力分布的一块显示屏。刷脸进门的终端是一台 iPad Mini 大小的平板电脑，第一次进店之前，打开京东 App，扫描屏幕上的二维码，录入面部信息，就完成了人脸绑定。之后再次进店，将脸对准屏幕上的摄像头，即可解锁开门。通过货架上方的感应摄像头，系统能够识别顾客从货架上拿起了什么商品，当顾客走到店内的智能结算终端前，屏幕上会自动显示顾客身份，识别商品后会自动生成订单，如果顾客已经开通了免密支付，点击屏幕右下角的"确认"按钮，结算就完成了。在人工智能的协助下，节省了人力，减少了排队时间，更加方便了生活。[①]

4.4　如影随形——直播营销面对面

网络直播具有开展基本的互动和直接连接场景的特点。对于电商平台来说，直播技术的加入改变了平台与消费者现有的交流模式，提供了一个真实的、实时的交流渠道，增加了电商平台创造更多互动玩法及变现的可能。最近几年各大电商平台兴起了通过视频直播来营销的方式。

京东直播汇聚当红主播和炙手可热的品牌，呈现好玩的娱乐内容，搭配直播中边看边买的形式，让用户在娱乐中愉快购买。还有众多固定栏目覆盖全品类，让用户如追剧般跟随直播，令直

[①]　京东的无人超市和无人便利店都开业了，在它的北京总部. 好奇心日报，2017-10-19.

播带来更多收益。

在 2016 年京东超市周年庆时，京东推出了直播新玩法——全网首档连续 9 天的粉丝定制化综艺娱乐直播。

纵观 2016 年各个直播平台的快速火爆，越来越多的品牌开始将直播作为营销标配手段，但大都停留在用网红明星刷屏的单一套路阶段，不仅未体现出明星 IP 的扩散效应，更没有深度的品牌植入和打通流量闭环，形成从粉丝、流量到购买的有效转化。京东超市周年庆活动则首次突破直播营销的天花板，通过嫁接娱乐、综艺的手法，充分调动起粉丝的积极性，让粉丝来定制直播内容，进一步汇聚和转化流量；还将代表京东超市周年庆特色的定制礼物贯穿 9 天 9 场的直播，强化了品牌曝光，有效激发了粉丝的参与性与创造力。

京东超市以周年庆为契机，突破传统直播营销"自嗨"的弊端，嫁接综艺节目的娱乐式玩法，让粉丝和用户决定节目的"剧情"和明星的"任务"，给消费者带来了一场"电商＋综艺＋直播"的狂欢。通过直播平台中定制"京东超市周年庆蛋糕"礼物的方式，实现了品牌的最大曝光，也撬动了规模化的订单转化，实现了 9 天 6 000 万件商品的销量。在商超大战日益激烈的档口，京东超市周年庆用品质与创意赢得了市场与消费者的口碑。"全面升级京东超市，打造用户最信赖的精品超市，为品牌商家赋能"，已经成为京东超市扩大市场份额的杀手锏。

京东在"6·18"全民年中购物节期间，开启"大牌撩王牌"之战。从 6 月 2 号开始，京东联合众多王牌品牌邀请多位明星大咖倾力代言，展开了一场长达 14 天的别开生面的直播营销。不同于其他直播邀请网红主播，单纯卖货的方式，"大牌撩王牌"不仅有访谈环节，还在直播中设计"心动挑战"的游戏与场内场外观众互动，全程无槽点。双向互动的预热造势、粉丝经济的有效利用、不按套路的直播内容，使得京东"大牌撩王牌"直播活动大获成功，单次直播观看量最高达百万以上，收获观众一致好评，为当下的直播营销提供了许多新的思路。

⑤ 合纵连横：京 X 计划

2017 年 6 月电商 App 排行榜 Top100 出炉，淘宝毫无悬念地夺取榜单头名，淘宝月活用户高达 4.51 亿，活跃用户环比增长 12.22%。排名第二的是京东，月活用户 1.74 亿，活跃用户环比增长 25.75%。由此可以看出，虽然京东 App 的用户增长速度很快，但是基数相对淘宝还是太小，跟行业领导者存在不小的差距。

对于电子商务市场而言，流量永远不够，也永远不会嫌多，多一点流量就意味着多一分购买力。所以，所有的电商都会争取获得更多的流量资源，京东也不例外。

最好的流量当然来自自身，但是京东自身的流量吸引能力不足，需要其他入口来吸引更多的流量。相关数据显示，2018 年中国互联网网民增长率仅有 3.8%，京东要寻求新的营收突破口，最重要的是获取不同维度的用户数据，为成为真正意义上的智能电商做准备。

在这个大背景下，2015 年 10 月 17 日京东推出了第一个京 X
计划——京腾计划。在京腾计划刚刚推出时，很多人都有疑问，
一家是社交巨头，一家是电商巨头，两家公司在基因上不同，到
底能够产生多大的化学反应。如今，随着京腾计划的逐渐推进，
双方的合作渐入佳境，品牌客户越来越多，京腾计划已经成为互
联网巨头之间强强联合的成功范例。

有了成功的范例，京东又接着推出了京条计划。京条计划更
注重在个性化信息流场景内实现数据层面的合作，今日头条 5.5 亿
用户背后恰恰是在阅读场景下发挥电商功能的重要阵地。细心的
朋友可能已经发现，在今日头条看到京东的一款商品，无须跳出
即可完成下单到支付的全部流程。之前今日头条只能给零售品牌
的广告主提供展示广告进行导购引流，而在开启京条计划之后，
今日头条具备了电商的交易能力，用户可以在今日头条 App 内完
成购物过程。重要的是，整个购物过程完成后，用户依然停留在
今日头条，可以继续浏览新闻资讯。由此来看，流量依然是流量，
并不是 App 导流。

继在社交与阅读场景取得成功后，京度计划的出炉则将目标
定在"决胜 AI 时代"。百度对于 AI 的偏爱与投入已经到了无以复
加的地步，AI 无疑是通往未来世界的重要船票。在此基础上，"京
东特供"一级购物入口出现在手机百度用户的个人中心页面便合
情合理。对于京东品牌商来说，京度计划意味着更高效率使用流
量资源和更低营销成本，百度的 AI 和大数据分析能力加上京东的
全电商能力，可以在更丰富的场景内精准触达消费者，从而实现

转化率的提高。

后来启动的京奇计划将京东和奇虎360的数据打通。京东2.583亿活跃电商用户的数据与奇虎360线上线下全场景用户行为链大数据结合，使得京东、京东的合作伙伴、京东平台上的商家实现在奇虎360庞大的产品矩阵中更精准的投放。奇虎360的核心产品360手机卫士，通过京东开普勒开放平台输出的选品、交易、技术、运营等电商能力，也为京东开设了一级购物入口京东特供。

京X计划表面上看是流量入口的结盟，更深层的则是消费数据与社交、搜索、阅读等数据的融合。通过监测，京X计划获取用户在不同场景下的消费行为大数据，为营销提供精准的用户画像。大数据技术的价值在于，进一步消除了京东与用户之间的界限，让用户看到的商品信息正是其想要看到的；对平台商家而言，基于大数据的精准营销能够直接带动销售。

对于京东而言，与这些大型互联网公司进行流量合作，可以最大限度地获取分散的移动端流量，提升自身的商品触达能力。与此相对应的是阿里巴巴已在云服务、人工智能、大数据、移动支付、数字媒体、在线视频和社交平台上进行全方位的布局，形成了完整的生态系统。

京X计划利用直复与数字营销发挥价值，主要通过以下途径实现。首先，包括京X计划在内的所有平台中，京东自身的平台是最重要的，如电脑端的京东官网和手机端的App，京东借助公司的网站主页来进行重点营销。其次，通过京X计划与腾讯、百度、奇虎360、今日头条、新浪、网易等进行战略合作，在每个平台上投放京东的线上广告，还在部分平台上设立京东特供一级购物入口，这些平台基本覆盖了国内绝大多数网络用户。再次，京浪计划中京东通过官方微博和粉丝团来进行博客营销。京腾计划基于腾讯社交平台丰富的场景和京东庞大的电商销售平台，在社交传播中有效沉淀粉丝用户，激发在多维场景下的购买行为。京条计划中用户可以在今日头条应用中完成京东商品的所有购物过程，无须再次跳转，营销可随时随地触达用户。京度计划中利用百度的 AI 技术和大数据分析能力加上京东的全电商能力，实现转化率的提高。最后，京 X 计划通过监测获取用户在不同场景下的消费行为大数据，为营销提供精准的用户画像。

⑥ 专属盛宴：京东"6·18"

每年进入 6 月，京东的员工会格外忙碌。作为京粉的管管也会格外期待，因为一年一度的京东"6·18"又要来了。

自 2010 年以来，京东借助"6·18"购物节开始进行大规模促销活动，现在活动不再局限于 6 月 18 日这一天，时间范围不断扩展，从 5 月末开始预热，进入 6 月份就展开了一系列优惠活动，到 6 月 18 日达到高潮，促销力度也最大。

尽管"双 11"已经成为各大电商平台促销的节日，消费者还是习惯性地将"双 11"同天猫联系在一起。如何创造一个属于自己的购物狂欢节来吸引消费者？最终，京东选择了自己的诞生日——6 月 18 日（相当于店庆日）来进行促销。

2010年，京东"6·18"正式推出，以"火红六月"为宣传点，将各大品牌进行分类，按照各种会场进行促销。

为此，京东的广告围绕"秒杀"展开，推出的广告标语中包含着浓浓的"叫卖"味道。不论是2010年的疯狂促销、全场秒杀4.8折起、疯狂抢6月，还是2011年的主题"京东'6·18'，疯抢红六月"，活动都持续整个6月份。

6.1 借力打力——明星足球夜

2014年，京东的"6·18"促销广告主题巧妙地借用世界杯这一事件进行宣传，打开京东商城的界面，"明星足球夜"就会映入眼帘（见图9-4），足球的图片特别醒目，让京东"6·18"在一瞬间便获得了足球爱好者的好感。

图9-4 京东2014年明星足球夜网站首页

2014年6月19日，京东公开"6·18"购物节相关数据，京东来自移动端的下单量占总体下单量的1/4左右，总下单量比

2013年"6·18"增长超过100%。其中很多商品取得了不俗的战绩，例如：奶粉共售出27万件，洗护产品销售120万瓶，化妆品销售90万件，通信品类的手机和配件平均每秒售出9件，等等。

不可否认的是这一漂亮的数字和京东借助世界杯进行的促销广告宣传密不可分。

6.2　广告也可以这么玩

2015年京东"6·18"围绕"初心不变"的主题，携手明星与消费者进行了一次关于"变与不变"的心灵对话，推出广告语——"我变了？我没变"（见图9-5）。视频"京东12年，从心出征"吸引了众多消费者。

图9-5　京东2015年"6·18""初心不变"主题广告

别具一格的广告语提升了京东的品牌格调，京东借助明星造势，并通过对话形式吸引消费者关注，试图引起消费者的共鸣。

2016年的"6·18"，京东围绕"清空旧日子，拥抱新生活"的主题拍摄了四个生活片段——"换新就现在，品质狂欢节"。京东继续从消费者角度出发，将"6·18"活动巧妙地定位为品质狂欢节，提醒消费者此次活动的目的并不在于让利和销售产品，而在于提升消费者的生活品质。这既契合了当今人们不断追求提高生活品质的诉求，又大大提升了京东品牌的品位。

2017年，京东"6·18"继续沿袭之前的思路，围绕"打破忙碌，尽享好物"的主题，拍摄了独具创意的宣传短片《打破忙碌》。短片中出现的各种职业的人员，愤怒的鼓手、进击的女拳手、吵架的情侣、辛苦的加班族、烟熏火燎的大厨、暴躁的出租车司机、练习滑板的青年、戴着耳机跳舞的小女孩、厨房里忙碌的大妈……所有人的忙碌都在这一分钟的短片里一览无遗。看着他们忙碌的身影，你会发现自己就是其中一员，瞬间产生共鸣。突然间，短片中出现四个字"打破忙碌"，随后一个个镇定自如的笑脸出现，你也如释重负般告诉自己，是不是该打破忙碌，放下忙碌，享受美好的生活呢？消费者知道这是营销手段，但是也会不自觉地被代入，引起情感上的共鸣。

可以说，2015—2018年的京东"6·18"广告语不再像之前那样直白冰冷，而是温情暖心。广告语向消费者传递了京东的文化价值观，即以顾客为中心。这种与众不同的宣传方式虽然没有直接表明具体的促销优惠力度，但是比传统的广告促销更能起到价值传播的效果。

6.3 领券有益，支付更易

每年的"6·18"，京东在促销中都会发放优惠券。优惠券主要有两种，一种是自营的全品类，一种是商家自己发放的优惠券。
5 月底，京东就开始发放各种优惠券，消费者需要通过手机端提
前抢券。到了 6 月份，京东会进行不同商品的专场促销，如图书、
办公用品、3C 产品、食品、生鲜、奢侈品、服饰的专场促销，让
消费者产生期待感。6 月 17—20 日，品牌日活动进入高潮，当然，
预热阶段的各个专场促销活动也会继续下去。

品牌店主要开展两种促销：一种类似于专题页的模式，从上
到下商品的陈列极其热闹，左右边栏及顶部皆有优惠券可以领取；
另一种更加接近普通的店面陈列，只是顶部多了许多优惠内容。

京东会推出运动、数码、家电、家具等多个主会场，将各个品
牌店以及活动连接起来。2017 年，依靠大数据分析，京东商城针
对每个消费者的不同喜好，为消费者打造定制的专属界面，不同的
消费者看到的商品、店铺、清单、会场很可能是不一样的，"让货
找人"而不是"让人找货"，这是一种新的促销手段。此外，还加
入了红包促销活动，拼手速赢红包率先登场，6 月 2—4 日，上亿
现金券一起瓜分，在购物过程中搜索品牌关键字即可得到相关品牌
红包，到了 6 月 18 日，京东每小时发出 61.8 万元现金红包。

另外一大亮点则是直播促销，6 月 2—16 日，"王牌中的王牌"
在京东直播中送出大量礼品、优惠券。各种红包抢不停的活动让消
费者眼花缭乱，与之相伴的是多种购物选择与完美的购物体验，至
此，京东吸引消费者的水平又上升了一个高度。

除此之外，京东金融产品也开始服务于"6·18"商品促销。

2015 年，除了传统的秒杀、满减送券之外，京东小金库和京

东白条支付使得京东的理财产品正式加入京东"6·18"活动。

京东金融产品的强势加入，满足了年轻消费者的购物欲望，提高了顾客短时间内的支付能力，使得京东的订单成功率大大提高。京东定时发放白条免息、白条立减等优惠券，吸引消费者抢购。一些商品使用白条还可以优惠，以此吸引用户使用这一新的金融产品。这些举措在促进商品销售的同时培养了用户使用京东金融产品的习惯，取得了多重效果。

多样化的支付方式和相关的优惠措施让消费者在支付时更加方便，满足了不同用户的消费习惯，同时促使京东"6·18"销售量的提高（见图9-6）。

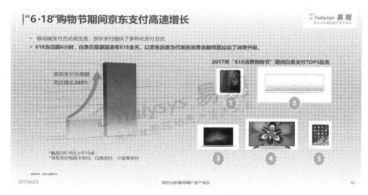

图 9-6　2017 年京东"6·18"白条支付情况

6.4　量身定制，数字之道

每年的"6·18"，大半个互联网都成了京东的朋友圈，这让其数字营销覆盖面大大拓宽。

京东和 9 大头部媒体展开合作，覆盖近 100% 的互联网用户，基本上只要上网，就可以看到京东的销售广告。

京东"6·18"来临之际，用户总是可以在百度、微信、QQ、今日头条等主要的互联网场所看到京东的营销。这种方法可以加强京东的流量导入，吸引更多的潜在消费者，也可让与京东合作的企业开拓电商领域，拥有电商交易能力，增强竞争力。

针对每一个用户，京东结合大数据进行精准营销。从导购到内容，再到支付方式，京东都可以通过各种不同的渠道直接面对顾客和潜在顾客，吸引和帮助他们完成购物过程。

2017 年，京东实行"开普勒计划"，与 150 家企业合作，助力这种多元化的精准营销（见图 9 - 7）。市场也给予了优厚的奖励：订单量同比增长 1 200%。

图 9 - 7　2017 年京东"6·18"的合作伙伴

❼ 不忘初心，方得始终

回顾京东在购物节中使用的促销手段，不断在创新，并与时代的发展相联系，每一年的京东促销都为众多用户所期待。但是，不管京东的促销方式怎么变化，以客户为核心的价值观始终不变，这是京东发展的立身之本。

通常，市场营销者倾向于使用更加丰富的媒体组合和沟通手段。而在消费者心目中，来自不同媒体的信息和促销方式汇总起来就构成了公司的整体形象。如果不同渠道所传达的信息彼此冲突，就可能导致混乱的企业形象、品牌定位和客户关系。

京东在经营过程中坚持"以人为本"，"多快好省"集中体现了其核心价值主张。围绕核心价值主张，京东运用各种促销工具与其经营战略形成全面整合（见图 9 - 8）。

图 9 - 8　京东核心价值主张

● 多。京东擅长的领域是 3C 产品，2010 年开始进军全品类，同时配合销售促进，全球品牌日、母婴日、吃货日、男神日、家电日、超市日、家居日、3C 日等轮番上场，体现了京东产品类目及促销门类的丰富度。

● 快。为了解决海量货物销售后的物流短板，2007 年京东开始自建物流，使之成为核心竞争力之一，并通过广告、销售促进等工具将"快"的理念及体验有效地传递给消费者。例如：在"双 11"促销活动中围绕"不光低价，快才痛快"进行广告传播，在北京等地还举办了"京东快乐派"线下活动、"211 限时达"时钟等趣味互动活动，吸引了众多参与者体验京东的"快"。

● 好。好的品质一直是京东最在意和最关注的价值。围绕"好"，京东不但利用常用的广告、销售促进等工具打造"不光低价，真才靠谱"的品质形象，而且运用公共关系，与央视携手打造国家品牌计划，在消费者权益保护日这一天设立京东国品日，将京东"高品质，无假货"的企业形象深深地印在消费者心中。

● 省。互联网促销中，"省"必不可少，在这方面京东也下足了功夫。在每一次促销活动中，满减、赠券、特价、秒杀、买赠等组合出击，让消费者获得真正的实惠。

● 以人为本。"多快好省"的核心是以人为本。2015 年京东"6·18"围绕"初心不变"的主题，拍摄了主题广告，并提出广告语——"我变了？我没变"；2016 年的"6·18"，京东围绕"清空旧日子，拥抱新生活"的主题拍摄了四个生活片段——"换新就现在，品质狂欢节"；2017 年，京东"6·18"继续沿袭之前的思路，围绕"打破忙碌，尽享好物"的主题，拍摄了独具创意的宣传短片《打破忙碌》。可以看出，几年来，京东的主题均围绕消费者。京东坚持从消费者出发，传递京东的文化价值观。

此外，直复与数字营销工具的精准特性及人员销售工具的可触及特性，扩大了广告与销售促进的效果。京东通过京X计划及数字化精准营销使广告语更具针对性，同时通过便利店及直播形式解决互联网人员促销效果难以实现的问题。这两个工具的组合使用，放大了广告、销售促进等工具的应用效果。可以看出，企业在促销整合的过程中，不论是经营战略还是促销组合工具的选择，都紧紧围绕以人为本，不忘初心，方得始终。

第 10 章

有速度，更有温度：
京东的品牌创建之路 ①

❶ 不断更新的品牌元素

2013 年 3 月 30 日，京东商城改名为京东，随即更换 logo。在这一年举办的京东 logo 与吉祥物发布会上，刘强东表示，新域名的启用及吉祥物 Joy 的推出是京东在发展到第二个十年前夕的重要事件，这将进一步提升用户体验，未来京东将不断为消费者、供应商和卖家创造新的价值。新 logo 的卡通造型、颜色、材质和字体都在向用户传达京东的新形象。从"360buy 京东商城"到"http://JD.COM 京东"，是对京东品牌的一次全新表达，化繁为简，便捷输入。那么京东为什么选择狗作为吉祥物形象呢？京东相关人士表示，在京东吉祥物设计的甄选阶段，以狗为原型的设计想法在京东内部一致通过。狗有着"忠诚、友好的美好寓意，与京东希望传达

---

① 本案例由西北大学经济管理学院刘伟、郑豪、陈李婧、赵泽月、张丽煜、张晨萱、张卓敏、尤思敏、李纯青（通讯作者）撰写。

223

的理念一致"，而 Joy 的名字"有带给人喜悦欢乐的意思，寓意京东为用户带来快乐体验"。京东从建立之初到如今成为互联网四大巨头之一，一直都秉承着为消费者提供更好的顾客体验的发展理念。顾客体验越好，吸引的新顾客才会越多。刘强东曾说："消费者满意才是我们存在的价值，说实话，我内心里从来没有太过在乎友商的竞争，我内心里最在乎的只有消费者是否满意。"

当初京东决定发展线上渠道，就是因为发现这样能为消费者节省大量购物成本。2007 年，刘强东不顾投资人和高管团队的反对，坚持开启全品类战略。理由很简单，就是因为顾客在 3C 产品之外还希望买到更丰富的产品，京东满足他们的需求，就能把他们留下来。京东做自建物流的起因也正是很多用户抱怨糟糕的第三方物流。可以说，京东一切生意的起点，都来自用户的需要。京东坚信自营模式的价值，不担心来自外部的质疑，只担心会染上大公司常见的懈怠病，阻碍它及时感知顾客需求从而进行创新。2013 年 6 月，京东将服务理念提炼为"多快好省"，意在向消费者传达其"品类众多、配送极快、正品保证、服务好、低价省钱"的优势。

2017 年 8 月 26 日，京东在其官方微博宣布对自己的品牌 logo 以及吉祥物 Joy 再次进行调整。调整后的新形象将去掉"JD.COM"等文字，直接使用京东二字。京东为字体选用了更加鲜艳的红色，整体更加扁平。Joy 从金属立体效果变为稍有渐变的白色效果。与之前的金属 Joy 相比，新版的 Joy 没有了冷冰冰、硬邦邦的金属感，更加活泼可爱。更加卡通的形象让人更加喜爱，给人一种莫名的亲切感。除了上述这些变化，京东移动客户端的图标也与新版 logo 保持一致。

对 logo 再一次更新，这是京东朝年轻化、时尚化发展的表现。扁平化的设计使 logo 更易识别。对于去掉"JD.COM"仅保留"京东"二字的原因，京东的解释是"随着京东的发展，'JD.COM'的域名已经深入人心，被用户熟知，（这样做）更加适合移动互联网'无线时代'的特点"。不过这一域名在英文版的 logo 中仍会保留。京东官网、App 以及京东官微都已使用新 logo。直接硬朗的文字搭配上软萌的小狗，整个画面有柔有刚。京东品牌标识的更新过程如图 10 - 1 所示。

2013年以前	2013—2017年	2017年至今
京东品牌标识	京东品牌标识	京东品牌标识

图 10 - 1　京东品牌标识的更新过程

通过这些举措，京东打造了显著的品牌识别，形成了深厚的、广泛的品牌认知。品牌认知广度是指品牌购买和使用情境的范围。2007 年至今，京东不断推出各种时效服务和增值服务，坚定不移地扩张。现在京东的产品已经涵盖线上商城、物流、金融、人工智能、云数据等众多领域，一些产品的子品牌已经被消费者熟知。如今提到国内的电子商务品牌，恐怕无法绕开京东。对于消费者而言，京东也的确成为消费时的首选之一。可见京东真正形成了广泛且深厚的品牌认知。京东从最初的光磁产品代理商逐渐发展成为以京东商城为核心、以京东物流和京东金融为辅助的中国最有影响力的电商品牌之一。通过更新名称、域名、吉祥物形象以及推出"多快好省"作为品牌的宣传口号，京东不断构建和完善其品牌元素。这些元素不仅体现出京东的产品和服务理念，更将其发挥到极致，使之成为京东立足于市场并成功创立强势品牌的竞争优势。京东的品牌显著度不断上升，消费者网上购物时自然会想到京东。

❷ 自建物流，速度制胜

在京东商城发展初期，面对行业的低价竞争，电子商务企业的服务质量普遍存在问题，这是京东内部员工的共识。一方面，客户投诉超过一半是到货慢，或者货物摔坏了，都跟物流相关。另一方面，许多第三方快递公司不能做代收货款的业务，能做这块业务的也总是压款，风险高。当时物流行业的状况使刘强东深刻认识到物流是企业发展的瓶颈，于是，他开始考虑自建物流，将仓储配送一体化。

过去，电商是以价格驱动为主导，线上购物就一定要比线下便宜。小卖家把货放家里就可以线上开店卖货，品牌商大多也只是把线上作为一个清库存的渠道，对于仓储物流的要求非常低。而现在，线上线下的价格歧视逐渐消除，电商和线下的购物体验开始趋同，消费者更希望付款后就可以很快拿到货，而不是苦苦等上好几天。"品质＋体验"才是驱动消费购买的核心，京东在很多城市实现了"今日购，今日达"。在 2007—2010 年，京东不断扩大自己的服务范围，确立了仓储配送一体化的物流战略，接连建立华南、西南、华中、东北等大区，与此前已有的华北、华东大区一起，完成了全国市场的布局。

2009 年，京东配送部的考核还没有时效管理体系。2010 年，京东推出 211 限时达，即用户在晚上 11 点前下订单，就能在第二天下午 3 点前收到货；用户在中午 11 点前下订单，就能在当天收到货。这个是京东当时负责配送的副总裁张立民做起来的。其他配送服务也陆续推出：次日达和夜间配是为消费者提供的更快速、更便利的增值服务；极速达是为消费者提供的一项个性化的付费增值服务；京准达是为消费者提供的一项个性化的精准送达服务。211 限时达的难度在于仓库现场清查，这对员工作业产生影响，员工作业方式要发生新变化。管理层里有人认为 211 限时达要增加很多成本，根本无法实现，反而可能激发更多用户投诉。但是刘强东力推 211 限时达，他认为京东要在各方面超越同行，建立起很好的口碑，就必须树立行业标杆。从仓储、分拣、运输到最后一公里，京东将几十公斤，甚至上百公斤的包裹做成"211 时效"，建立起一定的竞争门槛，别人要竞争的话要付出更大的代价。211 限时达的亮相是惊艳的，这是京东标杆性的创新产品。一经推出，就将电商行业用户体验的门槛提升到一个新的高度。①

在接收快递时，许多消费者都有这样的经历：刚想睡个懒觉，快递小哥来敲门；出门在外，接到要求马上下楼收快递的电话；

---

① 李志刚. 创京东. 北京：中信出版集团，2015：69-70.

快递怎么也等不来，刚出门却接到快递小哥电话；上午出远门，快递下午到；购买的生鲜食品坏掉；等等。于是消费者想，要是快递可以按照自己的预约时间送达就好了。京东2016年推出的"京准达"服务让许多人的愿望变为现实，用户可以预约未来一周里任意一天在9：00～22：00精准收货。

不久后，京准达服务再次全面升级，不仅将预约送达时间由2小时缩短至30分钟，覆盖范围也实现大幅拓展。京准达项目负责人表示："我们不会止步于此。下一阶段，京准达将覆盖更多区域，送货时间也将更加精准。借助于无人分拣中心、无人机、无人车等智能物流技术和设备，未来京准达或可成为电商配送标准服务，甚至可能实现服务时效精准至分钟。"有专家分析，京准达打造了电商物流"快和准"的双重服务体验，这一灵活、精准的产品，是其他平台短期内无法复制的。京东推出的211限时达、极速达、京准达等为顾客带来了极大的便利。

在京东创建品牌的过程中，除提高配送速度，还发挥了人工智能的作用。据报道，2017年6月18日10点15分，位于西安的航天基地管委会降落点，市民邢栋收到了来自京东无人机送出的"6·18"第一单商品——宝鸡凉皮和锅巴。"人工智能和机器人技术将再一次掀起新的产业革命，我们用了很长时间让大家认同京东是一家成功的零售公司，也会用更短的时间让大家认同京东是一家成功的技术公司，因为创新一直都是京东人弥足珍贵的品质和锐意进取的动力。"刘强东说道。

近年来，楼宇的"最后一公里"一直是末端配送的一个重要问题，关乎顾客体验的优化，对快递服务提出了极大挑战。2020
年 4 月，依托京东快递在智能技术方面的不断探索，自助快递柜、
无人车、云匣等智能设备和技术陆续得到应用，楼宇的末端配送
变革呈现自动化、智能化和个性化的特征，为客户提供更加高效、
便捷的快递服务。

通过这些举措，京东成功打造了品牌含义——区别于其他品
牌的差异点和共同点。京东以其一贯的"产品好、价格低、服务
佳"为品牌注入独特的含义，加上公司自始至终都坚持"多快好
省"，消费者可以很好地区分京东这一品牌与其他品牌的差异点。
即便同为电子商务品牌，京东在许多方面都有其他品牌所不具备
的核心优势。京东在产品的保质保量、价格的合理优惠、物流服
务的可靠便利上投入了大量人力、物力、财力，利用自营优势严
格控制进货渠道、库存和销售以保质保量；自己进货运营，缩短
供应链和压缩规模以降低成本，从而为消费者提供更优惠的价
格；自建物流仓储体系，注重配送员的价值观培养，实现高效、
可靠的配送服务，提供方便、快捷、高品质和令人放心的顾客体
验，从而成功打造品牌。

❸ 有温度、有情怀的京东红

2016 年"双 11"期间，京东推出了"红的故事"第一季充满
人情味的海报广告——JD Red Story。这组广告以其独特的构图方
式和浓浓的人情味，让消费者认识了一个个不一样的京东快递小

哥。他们是一个个活生生的人，付出不为人知的艰辛，只为满足一些期待，传递的都是温情。海报图片以黑白为背景，唯有一抹"京东红"格外醒目，暖人心房。在这个世界上，有这样一群人，他们有着火热的内心，却甘愿与孤单为伴，只为把温暖送到交通无法到达的地方。他们用微小的力量将货物送往很多人们难以想象的地方。

图 10-2 中展示了安徽宿州符离集站配送员黄长远的心里话："一直听说这山里有个千年古庙，庙里只有位老僧，送完货才知道，我送的竟然是千年第一单。"

图 10-2 京东"红的故事"广告 1

资料来源：http://market.meihua.info/works/75540904.

图 10-3 中内蒙古阿拉善左旗站配送员陈国栋说："沙漠里虽然风沙大，但特别有意思，同样一条路，今天看到的沙丘，明天可能就没了。"

图 10-4 中北京王府井配送员高萌说："顺着皇城根儿天天走，别看我不是北京人，就连哪条胡同的哪个路灯不亮了，住这

儿多少年的人都没我清楚。"

图10－3　京东"红的故事"广告2
资料来源：http://market.meihua.info/works/75540904.

图10－4　京东"红的故事"广告3
资料来源：http://market.meihua.info/works/75540904.

　　没有人天生喜欢孤独，与孤独为伴。如果有，也是为了更多人的温暖。更让人感动的是照片背后的真实故事。网文《当炫耀物欲成为时代符号，京东用诚意讲述真实"红故事"》中曾有这样的描述："那位每天开车300多公里，很寂寞的快递员，被称为军庄车神的，叫刘亚宁。他送快递一天下来，能有388公里，差不多能赶上一般人平时开一个月的路程。快递员实际并不用公里来计算里程，而是按照跑过的山沟计算，这天他跑了八条沟。大部分都是山路，而且很狭窄，特别不好走，一天下来同行拍摄的人感觉自己都快疯了，难以想象刘亚宁是怎样坚持下来的。"事实上，刘亚宁也承认，自己受不了天天这样，所以一般送两三天货，站长会主动给他换个地方，缓一两天再回来。他经常感觉自己很孤独，每天一人一车，他不得不给自己找点乐子，比如追小松鼠。而对于山里的村民来说：京东就是刘亚宁，刘亚宁就是京东。他将来自京东的温暖送到了山里的每一处角落。

第一季"JD Red Story"引发了众多消费者的关注，2017年5月"红的故事"推出第二季，又吸引了公众的眼球。不同于第一次强调快递小哥默默无闻的温暖故事，第二季有了更大的格局，如图10-5所示。

图10-5　京东"红的故事"广告4

资料来源：https://m.sohu.com/a/141815860_699567.

这是一组记录伟大与渺小的画面，用一种微小的"红"的足迹去讲述巨大的"宏"的荣耀背后动人的故事。每一个平凡的人组成了这个时代的"超级工程"，作为京东的快递小哥，随着京东物流网络的延伸，他们见证了这个时代的改变，也参与了这个时代的改变，他们就是这个时代基石的一分子。透过那小小的红色背影，人们似乎看到京东快递小哥内心的自豪以及京东的情怀。

当消费者见多了虚伪和夸张，京东用"红的故事"回归真实，这种平和质朴的广告更容易打动人。如今，红已然成了京东的符号认知，通过"红的故事"，京东向我们展现了尚不为人知的力量，通过主题内容将品牌资产符号化。京东成功地引发消费者的共鸣，让消费者更加了解京东，更加信赖京东。无论日晒雨淋，无论城市乡村，看到那小小的一点红，就会联想到京东。

通过这些举措，京东成功树立了积极向上的正面品牌形象，关注人、关注社会民生、关注中国国情的企业文化令消费者倍感亲切，并借由配送员这一直面终端消费者的群体传达品牌形象和品牌价值。任何时候，配送员除了在准时保质的前提下完成配送任务之外，会尽力满足消费者的需求，并且总是怀着积极向上的心态面对顾客，使顾客从自身经历中直接形成品牌形象联想，当然，顾客也可以通过随处可见的京东"多快好省"的品牌口号、京东吉祥物 Joy 的广告故事，以及其他信息渠道间接形成品牌形象联想。京东在构建品牌形象和品牌含义的品牌联想上，注重培养与众不同的三个重要维度——强度、偏好和独特性，使其产生最积极的品牌效应，并强化品牌忠诚。这样的品牌功效和形象使得消费者能更清楚地理解京东以"只为品质生活"的品牌口号传达出的为消费者提供品质服务的品牌含义，为形成良好的品牌判断和感受打下良好的基础。

❹ 紧跟潮流，走进你我生活

2017 年 6 月 1 日，上海街头出现了一辆辆长相"怪异"的巴士。车身遍布桃红、蓝、紫三个浓烈的色彩，车的两侧还绘着人们熟悉的迪士尼卡通人物形象，车头写着"京东，迪士尼童梦日"，在最显眼的车身部位八个大字大放异彩，直扣主题——"像个孩子，乐在京东"，如图 10 - 6 所示。

图 10 - 6 "像个孩子，乐在京东"巴士

资料来源：http://m.sohu.com/a/145661788_150862.

京东这次有关儿童节的企划可谓是以走心的方式开启了一个新的热点。京东携手《男人装》共同打造"六一童梦日"，它们还拍摄了童梦日大片海报，这种让成人重返儿时的方式非常吸引人。京东与《男人装》采用跨界合作的方式，使《男人装》成为自己强大的伙伴。更巧妙的是，通过《男人装》在线上的传播，轻松覆盖了整个华东地区的目标受众。除此之外，《男人装》作为一本以男人为主体的杂志突然改变风格，会吸引更多人的关注和转发，达到更好的传播效果。与女性不同，男性通常不会将自己的童心暴露出来，而《男人装》这一平台为男人们找到了一种表达方式，让他们感到温暖并产生社会认同感。

当然，与《男人装》的合作只是一个开始，不仅时尚圈，甚至"二次元"也没有被京东"放过"。了解漫画的人应该都知道漫画圈的"大佬"——牛轰轰，她的转载让本次营销活动达到了事半功倍的效果。京东选取"牛轰轰条漫"作为一个发声源，将成人的童梦心声通过大号圈层的方式精准地传达给目标受众。不仅如此，京东巧妙地运用儿童节与漫画的联系，为"大人"创作带有幼稚气息的漫画，那些似曾相识的画面精准地触碰这些大孩子柔软的内心。这些都让人深刻感受到京东的"温度"。

围绕"像个孩子，乐在京东"这个主题，京东推出了一个名为"大孩子童话"的 H5，结合大家熟悉的三个迪士尼动画故事——《超人总动员》《飞屋环游记》和《冰雪奇缘》，运用精美的剪纸翻转形式以及神反转的结局，营造了一个老少皆宜的节日气氛，京东手机客户端主题截图如图 10-7 所示。

图 10-7　京东手机客户端主题截图

资料来源：https://mp.weixin.qq.com/s/RUOZpMwPBxkFm0TZ00WHhw.

在这一天，当你打开京东手机端，映入眼帘的就是迪士尼的一众卡通形象——米奇和米妮，《超能陆战队》里的大白，《疯狂动物城》里的兔子警官朱迪与狐狸尼克，等等，让人一瞬间就被梦幻的氛围包围。不仅如此，京东还准备了各种各样的迪士尼主题互动活动。京东手机端首次尝试一键换肤功能，"米奇""冰雪奇缘""疯狂动物城""超能陆战队""星球大战"随你选，给你带来一个不一样的儿童节和用户体验。

除此之外，6月1日当天在京东购买商品的消费者都会被包装箱及包装袋上的卡通形象暖到，如图 10-8 所示。那些穿梭于城市的京东送货车身上，米奇和米妮的笑脸也在传递着快乐……

图10-8　"像个孩子，乐在京东"童梦日的包装箱

资料来源：https://mp.weixin.qq.com/s/RUOZpMwPBxkFm0TZ00WHhw.

京东集团CMO徐雷表示："迪士尼是代表欢乐和梦想的国际品牌之一，我们非常高兴能与迪士尼一同合作共同庆祝儿童节的到来。这次合作也给了京东第14个'6·18'一个梦幻的开场，我们将和迪士尼一起，将梦幻童趣体验带给全中国的消费者。"用如此重磅的一个企划为京东"6·18"大促预热，可以看出京东的重视程度。京东表示，京东迪士尼童梦日是一次全新尝试，这是双方在IP强聚合营销方面进行的一次探索，通过深入人心的迪士尼人物形象，结合线上线下互动营销，为消费者带来一个不一样的儿童节，开启梦幻"6·18"。

此外，鉴于当前新一代消费者具有"喜欢看直播、喜欢互动娱乐体验"这一新的消费习惯和潮流，京东也积极开展营销创新，通过直播来促销并拉近与新一代年轻消费者的距离，增强品牌的现代感和时尚感。2020年5月15日是格力入驻京东平台的十周年纪念日。当晚，格力董事长兼总裁董明珠现身京东直播间，与ZEALER 创始人、科技评测达人王自如就十年间格力的营销方式创新、疫情期间的企业担当进行了深度分享，并现场连线时任京东集团高级副总裁、京东零售集团 3C 家电零售事业群总裁闫小兵共议"中国制造走向世界"等话题。当晚的直播吸引平台观看量745.12 万，点赞 2 828.8 万，格力产品的销售额突破 7.03 亿元，实现了直播 2 分钟销售额破亿元、8 分钟破 2 亿元、1 小时达 4.28 亿元的销售成绩。

良好的品质保障和信誉以及其产品真、价格低、速度快、服务好的优势，为京东赢得了良好的口碑。此外，京东还竭力让消费者在京东平台购物过程中获得温暖感、乐趣感、安全感和社会认同感。这些都形成了消费者对京东的品牌响应。消费者这些积极的反应不仅作用于其本身对京东产品和服务的购买和使用行为，同时也激励京东品牌的成长和进步。这样的良性循环促进了京东的高速发展。

❺ 金杯银杯不如消费者的口碑：“京东，就是快！”

在消费升级的背景下，京东的定位迎合了消费者对品质、服务的需求，京东成为中等收入群体的首选购物平台。京东的早期投资者、今日资本集团创始人徐新曾对 3 000 名京东消费者做过一个调查，结论是京东的崛起顺应了时代潮流，满足了网上成长起来的中等收入群体对品质网购的巨大需求。京东的努力得到了消费者的认可。[①]

为什么越来越多的消费者会首选京东？首先，京东的自营模式更值得信任。其次，京东的物流快，服务好。注重商品品质和售后体验而对价格不太敏感的客户，比较愿意选择京东。"把客户服务好，客户会成为回头客"，这是京东的理念。

一位消费者在知乎上这样描述京东："第一次在京东购物，买了台相机。晚上下单，第二天早上就到货了，从此成了其忠实用户。京东为了白天上班的人晚上回家收货，搞了个晚间配送（送货时段为 19：00 ～ 22：00）。"

还有一位消费者这样描述他在京东的消费经历："我在京东买了一部白色 iPhone4。货到后，我以购买的是贵重物品为由，要求先验货再签收。结果，送货员态度很好地回答我（网购这么多年，我第一次见到配送员有这种认真而严肃的表情）：'你放心，别说是 iPhone4，再贵的冰箱、电脑我们都配送过。京东是一家负责任的公司，我们能做到今天这么大，产品质量一定是有保证的。你先签收吧，我就在这等着你验货，有什么问题我们马上处理。'说实话，让我惊讶的是他当时自信的表情，一名普通的送货员能对自己的公司有如此信心，不得不赞叹京东的企业文化，同时感叹员工对于企业的认同感和归属感。我的一个朋友在上大学之前都不喜欢网购，一是担心质量没保障，二是嫌快递时间太长。他第一次在京东购物买了 10 双袜子，免了邮费，下单时并没有要求寄发票。当天下午就有人敲他宿舍门，原来是送货上门的京东配送员。

---

① 李志刚. 创京东. 北京：中信出版集团，2015：3.

这个朋友十分震惊，从此成了京东的忠实用户。原因有三：一是快递太给力，早上下单，下午就送到；二是真正的送货上门，不是给你送到宿舍楼下让你取，更不是让你跑老远的地方去取；三是货品质量好，还主动寄了发票，这是对用户的一种承诺——我敢卖，就不怕你退换货。"①

一提到京东，几乎所有人第一时间想到的就是"快"。而在宣传中"快"也几乎占据了所有的主题。"京东物流，唯快不破""闪电送""限时达"等宣传层出不穷。京东为什么这么强调快呢？在电商平台中，整个过程除了客服与物流配送以外都是虚拟的，无法让消费者真正有实体的感受，所以物流作为唯一一个面对面与客户交流的机会就显得尤为重要。而"快"也能给予消费者一种兴奋感和自尊感，让他们觉得自己是受重视的。其实这背后还蕴含着消费者的变化。90后消费者已经不满足于用手机下单，他们还希望更快地拿到商品，赶紧发个朋友圈好好"炫耀"一下。

消费者的评论和反馈说明京东成功获得了积极的品牌响应，展示了消费者积极的理性判断（如产品质量好、正品保证、服务好、配送快等）和情感感受（如温暖感、乐趣感、兴奋感、安全感、社会认同感、自尊感，等等）。京东在构建顾客的品牌共鸣方面真正实现了品牌内外的协同共鸣——不仅使京东的消费者从强度和行为两个层面对品牌产生行为忠诚和态度依附，增加对京东产品和服务的购买和使用频率，而且使内部员工获得了归属感，

---

① 陈弢. 对知乎上提问"你对京东有哪些深刻的记忆、反映出京东什么特点"的回答。

让员工更好地理解品牌价值，更好地主动介入品牌的创建过程。京东凭借其保质、低价、快捷、高效的用户体验赢得了消费者的忠诚，消费者每当选择电商购物平台时就会想到京东。让京东的顾客变成"京粉"，不仅忠实于在京东进行消费满足自身需求，同时还提高了顾客介入与消费和购买无关的其他活动的程度，例如关注京东整个企业文化的发展，关注京东的创业经历和社会活动等，对京东产生强烈的品牌共鸣。同时，京东人性化地为员工的家庭生活考虑，给予员工优厚的福利待遇，让员工对品牌形成共鸣。这样的内外部协同共鸣，让京东成为广受业内外好评的电子商务企业，也让京东成为一流的强势的电商品牌。京东构建品牌资产的整体框架如图 10-9 所示。

图 10-9　京东构建品牌资产的整体框架

第 11 章

问"渠"哪得全如许：
探讨京东的全渠道营销之路 [①]

　　在社会的不断进步中，零售业的形态发生着改变，百货商店在时代的洪流中诞生，也在时代的涌动中被淘汰；连锁商城的扩展如今步步维艰，缺乏灵动；超级市场的现代化使它尚且能有一席之地。而在现今的发展中，新的变化已经是必然，新零售时代即将到来。

　　在此背景之下，京东作为综合性电商平台的领头羊，运用自己独特的优势开始引领这个崭新的零售时代。线下体验店、自营物流体系、多种品牌联合战略等皆向外界显示出京东在新的零售时代的探索。

[①] 本案例由西北大学经济管理学院李佳钰、白欣悦、武悦、谢锦豪、李纯青（通讯作者）、张宁、王若羽、张建辉、杨世祺撰写。

① 各大电商龙头的新动向

1.1 京东的线下布局

2017 年，京东宣布要在未来五年内开设超过 100 万家便利店，而在开始百万便利店计划之前，京东以 43.1 亿元入股永辉超市获得其 10% 的股权，后又与沃尔玛达成深度战略合作，将 1 号店并入京东并在线下进行深度合作，而线下市场其实已有小超市在京东采购商品并由京东送货，可以说京东对线下市场的影响早已开始。

竞争者的动作也不慢，它们与不同的企业达成合作，试图集齐百货、家电、超市三种传统零售业态，每个企业都在使出浑身解数希望降低库存、扩大销量。

1.2 第四次零售革命

新技术给各行各业带来巨大冲击，也把零售业推到了风口浪尖。市场上不断出现和零售有关的新名词、新标签、新概念、新模式。尽管如此，业内一个明确的共识是：零售业正处在变革的前夜，一场暴风雨过后，整个行业会焕然一新，旧的模式将被颠覆，而新的机遇随之出现。

刘强东认为，零售的本质不变，仍然是成本、效率、体验这三大要素。而当下的很多讨论还停留在互联网时代。过去 20 年互联网的普及只是整个零售数字化进程的一个"序幕"。互联网改变了交易端，但对供应端的影响还很小。数字化进程的下一幕——物联网和智能化——对行业的改变会更加深刻、彻底。"在我们即将跨入的智能化时代，实现成本、效率、体验的方式将完全不同。这也是未来零售业创新和价值实现的机会所在。"

从前三次零售革命来看，从百货商店、连锁商店、超级市场到电子商务，零售业的发展历史一直围绕着成本、效率、体验这三大要素。每一次新业态的出现都至少在某一方面有所创新。而经得起时间考验的业态往往能够同时满足成本、效率和体验升级的要求。既然如此，什么在发生改变？刘强东认为：是零售的基础设施一直在升级换代，不断改变成本、效率、体验的价值创造与价值获取方式。整个零售系统的升级说到底就是信息、商品和资金流动效率的升级。在这个过程中，信息、商品和资金服务的提供者一步步走向社会化与专业化。

在即将到来的第四次零售革命中，智能技术会驱动整个零售系统的资金、商品和信息流动不断优化，在供应端提高效率、降低成本，在需求端实现"比你懂你""随处随想""所见即所得"的体验升级。未来零售基础设施会变得极其可塑化、智能化、协同化。这就是京东看到的零售业未来。①

京东作为电商界的后起之秀如果想要在已经有领军品牌的情况下取得成绩，就必须自己走出一条新路。新的竞争对手的不断进入也给京东带来压力，国内几大电商企业在线下的竞争越来越激烈，京东需要作出改变。

① https://tech.sina.cn/i/gn/2017-07-10/detail-ifyhwefp0470030.d.html.

❷ 京东全渠道布局

2.1 京东之家，玩转线下体验

京东为什么要开线下体验店？刘强东认为，传统零售已经满足不了消费升级的需求。未来的零售基础设施将变得可塑化、智能化和协同化，实现成本、效率、体验的持续升级。京东把自己定位于零售基础设施提供商，大力推进开放战略。此前成立物流集团，打造开放的智慧供应链，大力发展供应链金融等，就是这一理念的具体实践。

开设智能零售体验店，是实现这一理念的又一重大举措。[①] 具体来说，3C 是京东赖以起家的领域，最初只是自营采销，后来逐步拓展到自营物流、提供客服支持，直至承担供应商的维修服务等多个环节。完整的服务链条不仅为消费者带来最佳体验，同时也形成了高度一体化的业务支持体系，成为京东在 3C 领域不可动摇的市场领导者地位的基石。电商平台也从一种补充性的销售渠道成为品牌商高效覆盖市场、打造品牌、全方位服务客户不可或缺的战略合作伙伴。

2016 年 4 月，京东 3C 事业部举行战略发布会，为了更好地从品牌零售商向品牌服务商转型，京东提出了 3C 升级计划，涵盖运营、营销、渠道、金融等方面。[②] 渠道上，京东将整合 3C 全渠

---

① http://www.techweb.com.cn/news/2017-08-14/2572955.shtml.

② https://www.sohu.com/a/67936899_290102.

道能力，为合作伙伴提供定制化的渠道解决方案，除了京东原有的 PC、App、微信、手机 QQ 等传统渠道，未来京东还将发力企业客户采购、开普勒线上联盟、线下渠道联盟、区域行销渠道等新渠道解决方案，打造线上线下全渠道平台。运营上，京东物流正在打造针对 3C 的专属供应链解决方案——专业的 3C 品类仓，在运营中实现快速交付，减少等待时间，上门提货监测维修，并有开放的售后导购提供咨询服务。营销上，京东与腾讯共同推出战略合作项目京腾计划，利用京东销售大数据和腾讯社交大数据对消费者进行精准人物画像，深度改变消费者触媒习惯，为厂商提供定制化的营销解决方案，实现销量和品牌的双重提升，并针对不同属性的消费需求形成多维战场，利用腾讯社交平台进行精准促销。金融上，未来京东金融将为 3C 品牌商提供全产业链一体化金融解决方案。针对 3C 产品，京东金融将基于设计研发、生产制造、渠道营销、支付交易等整个供应链及销售链为厂商及消费者提供全程金融服务。同时为消费者在购买环节进一步增大保险和众筹的覆盖范围，以此实现消费者与厂商互利共荣。①

随后，京东 3C 的线下开店计划紧锣密鼓地推进。4 月 18 日，第一家店与深圳联通合作落地，6 月 18 日开始与杭州联通合作试验，10 月 1 日开始与恒大合作，11 月 11 日第一家京东之家在长沙开业，紧接着第一家京东专卖店落户云南。从扫码购到现货购，从店中店到独立店，从楼宇店到第三生活空间、次商圈，京东 3C

---

① https://www.sohu.com/a/68122363_115092.

不断摸索试错，快速迭代，终于实现突破。[①]

2.2　京东之家——线上与线下，一站式购物

通过建设京东之家，京东得以推行其全渠道营销策略。最明显的特征是"让购物体验既简便又周全"，注重为顾客提供更简单、便捷、快速和轻松的购物体验。在购买环节，京东线下门店的所有商品均与京东平台同价，扫描价签上的二维码，可以了解商品的详细情况及用户评价。顾客可以当场提货或选择京东配送，一些在线上难以抢到的首发爆品或者专供线上的商品，京东都将优先供应京东之家和京东专卖店。截至 2017 年 6 月底，京东之家和京东专卖店销售的商品已涵盖 1.48 万个 SKU（库存量单位）。[②]

京东之家万达广场店首次将不同的技术性成果融合。体验店进门处安装了两个摄像头，对客流量进行统计，人脸识别功能可以分析男女比例和人员结构。会员录入系统则与线上会员体系打通，消费者进店刷脸可成为会员，了解针对自己偏好的分析。京东之家相关负责人表示，每一家京东之家和京东专卖店开业前，都要根据门店周边居民在京东平台的购买数据指导门店选品、布局。在消费者进店后，店面会对消费者进行人脸识别，并根据热力图等分析每一位消费者的兴趣关注点和场景停留时间，通过行为数据分析，以周或季度为周期进行商品的小调整和二次迭代。[③]

---

① 　https://www.163.com/tech/article/BJVVPDFA000915BF.html.

②③ 　https://www.sohu.com/a/163546659_730804.

回顾京东之家的成功经验，时任京东集团副总裁、京东3C事业部总裁胡胜利认为，京东企业的价值观发挥了核心作用。在"不走捷径、不占便宜、不作恶，始终把合作伙伴的利益放在第一位"理念的指引下，京东之家率先在业界打通电商平台赋能线下门店的创新模式。与传统零售相比，京东之家以客户需求为中心，以场景构建为导向，追求薄利润、全品类、高效率，实现场景化体验、社交营销，引爆线下。①

此外，胡胜利介绍，京东商城的JD万家、JD Smart、JD智能数据平台，分别解决门店的智能选品、智慧交易、门店管理、客户管理和社交营销问题，以及智慧供应链、智能选址、客户画像、生产可视化的问题，包括需求洞察、渠道洞察、门店分类数据、品类分析和客户报告。

全渠道营销，是指个人或组织为了实现利益相关者的利益，在全部渠道范围内实施渠道选择的决策，然后根据目标顾客对渠道类型的不同偏好，实行不同的营销定位，以及与营销定位匹配的产品、价格、渠道和促销等营销要素的组合策略。京东在进行全渠道营销时需要对顾客进行细分，以达到更好的营销效果。通过京腾计划，京东有了细分顾客所需的数据。同时，庞大的消费者数据使得京东能对消费者画像有更准确的认识，进一步可以做到了解每一个消费者的消费习惯，将每一个人的消费信息和社交方向相结合，形成每个人所独有的数据库，这样京东就可以通过这些数据库向指定的消费者传递相关的产品信息，品牌商就能通

---

① http://www.sohu.com/a/163546659_730804.

过这些数据触及属于自己的消费者，为他们提供更加贴心的服务。

❸ 京东全渠道营销的基础：自营物流

平时人们喜欢拿京东与其他电商平台对比，讨论最多的无非是价格、商品质量和快递服务。快递是用户最为关心的一个方面，也是各大电商角逐的又一战场。有的电商通过成立联盟整合现有各大快递业务，而京东选择自建物流体系。到底是什么让京东选择了与其他电商截然不同的物流之路？

3.1 被 "偷" 后的豪赌

2007 年，刘强东考虑自建物流，仓配一体。这其实源于京东在成立京东物流之初曾做过市场调研及数据分析，得到的结论是，近 75% 的投诉及中差评都出现在物流上。顾客的迫切需求促使京东开始思考物流配送的新思路。刘强东更是幽默地举了个例子。以前使用四通一达配送时，京东快递包裹被偷的现象特别严重。主要是由于京东的电子产品贵——高达 2 000 ~ 3 000 元。这让快递公司老板也非常头痛，有些快递员一看是京东的包裹都不敢接，担心被偷要赔很多钱。[①]

刘强东在董事会上提出了自建物流的战略规划。投资人没有彻底想通，也没有特别激烈地反对。于是，京东开启自营物流体

---

① 电商行业为什么只有京东物流体系？被偷出来的.（2016–12–06）. http://www.sohu.com/a/121552677_515183.

系探索之路。

3.2 把韵达配送站"一锅端"

2007 年 4 月，京东物流华南区域分公司成立，覆盖福建、江西、湖南、广西、广东、海南 6 个省。不久，分公司在广州市荔湾区建立了第一个配送站——康王站，逐渐组建自己的配送队伍，6 名配送员需要完成荔湾区和越秀区的配送任务。2008 年，华南区域第二个配送站在深圳建立，覆盖罗湖、南山、蛇口、盐田港等地。深圳的配送范围大，配送员的效率降低，必须加快配送网点布局。但是，独立建立全新的配送点的速度明显太慢。若配送快这个吸引顾客的亮点被弱化，京东又该何去何从？由此，一个另辟蹊径的大胆设想诞生了。深圳片区经理找到了韵达快递配送站的站长和配送员，在将京东前景和配送员在京东的待遇一一讲清楚后，希望寻求合作的可能。经过双方交流，在韵达方面的积极配合下，接受了前期培训的站长和配送员立马上岗，一夜之间，韵达改头换面，带有京东标志的配送站成立。

2007 年 8 月，刘强东开始在北京小范围试点，招聘北京配送部负责人。2008 年 5 月，北京配送部开设了 5 个站点，每个站点负责的配送面积相当大，例如亚运村站覆盖了北京北部大部分地区，北到天通苑，南到北二环，西到八达岭高速，东到望京，亚运村的 5 名配送员负责大概 100 平方公里的区域，一天送货三四百单。2009 年上半年，亚运村分为三个站点，将天通苑和望京划拨出去，另设站点。公司设立配送站的速度加快，到 2010

年，京东自有配送服务已经覆盖北京五环内。

3.3 211 限时达树立新标杆

在经历了 2008 年史上最火的爆仓情况之后，京东加强了对配送和仓库的管理。负责配送的副总裁张立民从业多年，经验丰富。自 2010 年 2 月加入京东起，他的第一个要求就是，根据顾客需求，至少有 8 个城市得一天两送。2010 年，京东推出 211 限时达，即用户在晚上 11 点前下订单，就能在第二天下午 3 点前收到货；用户在中午 11 点前下订单，就能在当天收到货（货物有重量限制，不同城市配送范围不同）。

何为"211"？仓储的产品根据订单需要集中在一个时间点送到配送站，需要安排发车次数，讨论这个问题的时候，大家觉得同城应该在晚上 11 点前送到站，有人提出会不会太晚了。经过讨论，干脆在中午 11 点增加一个车次，凑上两个 11。这就是"211"的来历。

211 限时达的难度在于，仓库现场清查时，要找出哪些是 11 点前下的订单，属于 211 限时达配送范围的应优先安排，这依靠当时的技术管理体系是较难实现的。员工作业方式也要发生变化，虽然订单总量没变，但每天中午 11 点、晚上 11 点前要查清一次，这会影响作业，需要员工理解、接受新方式。管理层里有人认为实行 211 限时达成本会增加很多，而且无法实现。但刘强东力挺 211 限时达，他认为京东要在各方面超越同行，建立起很好的口碑，就必须树立行业标杆。

从仓储到分拣到运输再到最后一公里，京东将几十公斤甚至上百公斤的包裹做到了"211"，建立起一定的竞争门槛。211限时达的亮相是惊艳的，这是京东标杆性的创新产品，将电商行业用户体验的门槛提升到一个新的高度，也为众多消费者在物流庞杂的品牌竞争中提供了一个最优的选择。[①]

全渠道营销的具体做法包括：依据全渠道营销理论进行营销定位；依据全渠道营销进行营销组合和要素组合。其中，营销组合与要素组合需要企业描绘顾客全渠道设计和购买商品的周期，然后依顾客全渠道设计、购买商品的周期匹配经营者营销生命周期，并进行相应的营销要素组合，最终实现将营销组合和要素组合所需要完成的功能分配给各种渠道。京东构建211限时达等自营物流体系，正是进行营销要素组合，实现全渠道营销的基础性一步。

④ 京东全渠道策略的切入点：京腾联手

4.1 京腾计划

京腾计划一直被看作京东全渠道策略拓展的第一步，腾讯能给京东带来什么？腾讯作为一家互联网公司，旗下最具价值的非QQ和微信莫属，QQ和微信是当今中国人使用最频繁的通信软件，其中所蕴含的流量和数据可想而知。

京东拥有了这些流量和数据，就可在全渠道营销过程中增进

---

① 李志刚. 创京东. 北京：中信出版集团，2015：64–70.

对消费者需求的了解，提高对用户体验的把握，从而提升商品触达能力。京腾计划可以说是在本质上触及全渠道营销的核心，使得京东能在供应链上提高效率、降低成本，同时大幅度提升流量承载力和流量吸引力。京东为得到更多的流量合作，已经与国内一线互联网企业（今日头条、网易、搜狐、奇虎360、百度）进行战略合作，基本覆盖国内绝大多数网络用户，诸多品牌加入京东的销售品牌圈，为顾客提供的产品不断增加，更好地满足了用户的需求。

4.2 京粉计划

京腾计划以及之后的京 X 计划，为京东的营销思路和渠道的扩展打开了广阔的空间，京东产品的多样性和服务的可塑化大大增强，一个名为京粉的 App 走进了大家的视野。

京东联盟的建立是京粉计划的开篇，基于大数据对流量影响的精确分析和使用，以及平台的搭建，京东推出了京粉计划，将京东联盟的合作商家加入其中。开启定向计划、高效果的平台推广，就是让一群有着京东基础的流量人士加入进来，通过在各个平台和界面的推广，插入相关的产品链接，然后与微信的支付端进行合作，依靠战略地位的优势为用户提供更多的体验，而相关的推客可以通过相应的下单量得到一定的反馈。

京东就是要借此将电商与流量进行整合，提供一站式服务。对于企业，京粉计划为品牌商提供相当精准的移动营销推广服务；对于媒介，京粉计划提供更多高效的用户体验解决方案；对于最终端的消费者，京粉计划为京东带来众多粉丝，加入京粉推客的很多用户都将是京东的忠实推进者；对于其他用户，京粉计划在承接了京东固有的正品保证和强大的物流推广之下，能为消费者提供更多的消费场景和消费体验，能让消费者有更好的价值体验。京粉计划背后的大数据的支持，将消费者的需求区分开来，推送的产品信息会使消费者的需求得到满足，同时增强他们的消费参与感。

通过京腾计划与京粉计划的实施，京东凭借海量数据与消费者行为数据的对接，逐渐实现了电商与流量的整合式搭建，构建了一站式服务。[①]

⑤ 京东全渠道策略的助力：国品计划

央视在 2016 年启动"国家品牌计划"，取代过去的"标王"模式，助力中国品牌的成长。中国虽然是一个制造大国，但在全球市场能够代表国家的品牌并不多，这与作为第二大经济体的身份并不相符。国家品牌计划是一个广告项目，每一个品牌都是所在行业的佼佼者，具备成为国家品牌的潜质。但是，国家品牌计划除了通过媒体渠道反映出品牌的综合实力、提高品牌的整体声誉之外，并没有落地到品牌的产品本身。

这或许是京东与央视合作推出"3·15"京东国品日的缘由。

---

① 京东联盟升级 CPS 业务，全新"个人推广"功能上线.（2015-08-07）. http://tech.huanqiu.com/news/2015-08/7214953.html.

能够参与京东国品日的品牌，都是平时很珍惜自己声誉，在消费者中有良好口碑的品牌。京东配置大量的线上营销资源，并在央视全频道、朋友圈和户外批量投放广告，其实就是对这些品牌最好的认可和支持。它所传递的信号就是，只要认认真真做品牌，老老实实做品质，就一定能得到更好的回报。

电商平台众多，为何国家品牌计划落地京东呢？一方面，京东是国家品牌计划的代表之一，多年来一直坚持只卖正品，在用户中有良好的口碑。这就解决了一个基础的信任问题，平台本身具有良好的形象才能为更多品牌背书；另一方面，京东在销售、物流上有很强的优势，不仅能够更好地帮助品牌销售，还能更快地将优质的商品送到消费者的手中。

借助国家品牌计划应运而生的京东国品日作为京东的营销组合策略之一，是其全渠道营销策略的重要组成部分。京东通过此举进一步迈入"全"时代。

京东在成长过程中有机遇也有挑战。面对瞬息万变的市场环境和日新月异的技术发展，京东提出了零售基础设施的建设，并通过京腾计划、京粉计划、自营物流和京东国品日等战略布局形成了全渠道营销。在第四次零售革命中，智能技术会驱动整个零售系统的资金、商品和信息流动不断优化，在供应端提高效率、降低成本，在需求端实现"比你懂你""随处随想""所见即所得"的体验升级。未来零售基础设施会变得极其可塑化、智能化、协同化。这就是京东看到的零售业未来。京东通过开设线下体验店、自营物流体系、多种品牌联合，以求在 AI+ 时代真正把握住机遇。

第 12 章

任凭风浪起，"定"坐钓鱼台：
京东的定价战略 ①

　　京东从传统零售门店发展成为电商巨头，在多年发展中，京东利用定价战略成功建立经营优势，面对错综复杂的竞争环境，在保证服务质量的前提下吸引客户，获得定价优势。最初，京东通过扩大企业规模、提高物流能力和供应管理服务能力，获得成本优势，把握定价的主动权。随着企业发展壮大，京东主动出击，打造专属的"6·18"京东购物节。通过节日期间多样化的组合定价推动客户快速作出购买决策，带动市场规模扩大，起到增加产品消费的积极作用。近年来，京东更是以消费者洞察为原点，将顾客的价值感知作为定价的关键，借助大数据和人工智能技术，结合京东多年积累的零售经验，对用户需求和价值感知进行分析和挖掘，实现智慧定价。

　　作出完美的定价决策进而获得优势定价对企业的发展至关重要，面对错综复杂的市场环境中的定价结构性竞争，京东是如何

　　① 本案例由西北大学经济管理学院高原、李纯青（通讯作者）、邓景俏、张楠、魏晨、张煜盛、张一山、张沛雨、苗舒雅撰写。

根据真实的市场环境，采用基于成本、基于顾客价值和基于竞争的定价，制定和实施定价战略，从而打造企业特有的经营优势的，值得深入探讨。

❶ 浪花朵朵：价格战一触即发

价格是顾客为获得拥有或使用产品或服务的权益而交付的价值。长期以来，价格一直是影响消费者购买决策的重要因素，也是决定企业市场份额和盈利性的最重要的因素之一。

1998 年，创业之初的京东只拥有北京中关村的一个 4 平方米的柜台，主要业务是售卖刻录机和鼠标键盘等电脑外设产品。随后的 6 年间，京东一直是传统的零售店。在现实的经济生活中总存在一些产品或服务，它们因为定价完美而建立起良好的品牌形象。京东一贯坚持不随便提高价格，也不会在不保证品质的前提下随意降价。这使得早期的京东在用户的口口相传中积累了一大批忠实客户群体。

价格是影响企业盈利的最大杠杆，定价反映的是一个结构性问题，由产品或服务的供给和需求决定，对产品或服务的适当定价对于企业非常重要。明智的管理者始终将定价视为创造和获得顾客价值的重要工具。[①]

以全球 1 200 家企业 5 年期的平均经济指标为例（见图 12 -

---

① Kotler P, Armstrong G. Principles of Marketing. 北京：中国人民大学出版社，2015：293.

1)，在其他因素保持不变的情况下，价格提高 1%，能够为企业带来 8.7% 的利润，而降低变动成本、增加销量和降低固定成本为企业带来的利润分别为：5.9%，2.8% 和 1.8%。[①] 显然，对经营利润影响的统计结果表明，定价因素的影响最大。

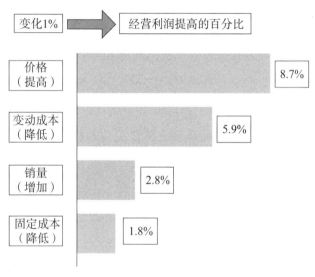

图 12 - 1　盈利杠杆的比较

　　制定合适的价格绝非易事，常常是营销者遇到的最重要、最棘手的问题，不少公司无法妥善地处理定价问题。影响定价的有内部因素和外部因素，其中，内部因素包括公司的整体市场营销战略及组织因素，外部因素包括经济条件、市场和需求特点以及其他环境因素。

---

　　① 沃尔特. L.贝克，迈克尔. V.马恩，克雷格. C.扎瓦达. 麦肯锡定价：第 2 版. 北京：机械工业出版社，2017：4-5.

20 世纪 90 年代末，在当时的市场环境中，价格暴力带来高额回报。而京东在定价领域恪守"严格价格控制""诚实守信"的原则，它相信通过提供优质的产品和服务可以获得丰厚的回报。

2004 年 1 月，京东开辟电子商务领域创业实验田，京东多媒体网正式开通，启用新域名 jd.com。随着互联网的日渐普及，消费者能够快速链接到电子商务平台企业的网站，电子商务成本日趋透明化。整个电商的外部环境给京东带来了机遇和挑战，繁荣的市场和巨大的电子商务消费者体量及需求对京东来说是重大利好。京东购物平台商品齐全、种类丰富，涉及衣、食、住、行，可以满足大部分消费者的需求。同时京东多年来树立了商品和服务质量好、价格低廉的企业形象。这些因素为京东提供了定价优势。

在此期间，京东将价格杠杆运用得淋漓尽致，围绕低价实施了一系列价格调控策略，电商之间的价格战一触即发。

② 八仙过海：京东显神通

2.1 硝烟四起：京东与竞争对手开始为价格战预热

2012 年 7 月 16 日，刘强东编辑好一条微博："今年第三、四季度会掀起中国电商史上规模最大、最惨烈、最全面的价格战，京东要继续引领这场价格战"，轻轻点击了发送。微博中最后那句"具体措施本月底推出"的悬念，吊足了人们的胃口。

这条微博在互联网上引来了 2 900 多条评论。剁手党开始"抱怨"："我还想存点钱呢。"更多的网友欣喜地发问："这是京东要降价的信号吗？那我可要等一等再下单买电器！"

很多企业认为，通过积极降低价格来争取市场份额和增加利润是企业最可靠的策略。京东的价格战预言刚刚落下，一直在电商领域保持低调观战状态的国美电器网上商城（以下简称国美商城）突然出手，掀起"7·18—7·28 见证底价坐标"大型促销活动。价格坚挺的苹果手机、iPad 以 8 折销售，且均以 1 000 台的规模低价放量。此外，32 英寸 LED 彩电 999 元、对开门冰箱 2 999 元、智能空调 888 元，低价商品足以秒杀网民口袋里的真金白银。

国美商城紧跟的底价坐标策略彻底搅乱了平静的 7 月市场，凌乱了电商大佬们。就在京东宣布将把第三、四季度的价格战升级后的第三天，天猫就宣布投入 10 亿元进行促销。同期，苏宁易购也决定 7—8 月的"E18 活动"升级促销推广力度，推出了"7·18"买 200 返 100 通用券活动。活动首日订单量过 10 万。面对京东和天猫的高调，一直将全网最低价作为目标的当当网也主动回应：坚决跟进价格战，不仅要打价格战，而且要真让利，真的让消费者得到实惠，跟进的促销投入也会以亿元计算。

2.2　势在必得：定价权的较量

面对错综复杂的竞争环境，京东何以获得定价优势？

成本控制的优势，使京东把握了定价的主动权。对于电子商务企业来说，物流成本占总成本的比重较大且明显高于传统企业，降低物流总成本是提高电子商务企业价格竞争优势的有效途径。因此，物流成本是电子商务企业决定其定价的关键因素。为了最大限度地控制成本，京东大胆创新，自建物流体系，将服务运营的成本紧紧把握在可控的范围内，获得定价的成本优势。

刘强东曾说："京东如今初具规模，我们的物流能力、供应管理服务能力都增强了，相对苏宁我们最大的优势就是成本，苏宁的财务报表显示大家电的毛利率是 25%，净利润只有 3% ~ 4%，也就意味着大家电的运营费用率高达 20%，但是京东商城的运营费用率不到 6%。"

京东销售规模的快速扩大获得了诸多风险投资的青睐，包括今日资本、雄牛资本、KPCB、红杉、老虎基金、DST 等。主要股东的信任使得京东具备了围绕定价开展持久战的资本。

一系列品质保证的声明及价格控制策略在京东实施，包括[①]：

● 京东大家电三年零毛利。2012 年 8 月 14 日，刘强东在微博表示："今天，我再次作出一个决定：京东大家电三年内零毛利！如果三年内，任何采销人员在大家电加上哪怕一元的毛利，都将立即遭到辞退！"

● 价格要比友商便宜 10%。京东在全国招收 5 000 名价格情报员。客户到国美、苏宁购买大家电时，同京东客户端比价，如

---

① 2012 京东苏宁电商价格战.（2012-08-14）. https://baike.baidu.com/item/15735664? fr=aladdin.

果便宜不足 10%，京东立即现场发券。

- 20 个城市提供 211 限时达服务。京东商城大家电配送在全国 20 个城市提供 211 限时达服务：上午 11 点前下订单，当日下午送达；夜里 11 点前下订单，第二天上午送达。

2.3　别开生面：京东购物节

凌驾于竞争对手之上的低位定价优势通常不会长久，一个崭新的价格体系能够带来革命性的影响。[①] 对于一天天强大起来的京东而言，与其被动应战，不如主动出击。京东开始打造属于自己的购物节——"6·18"京东购物节。在每年的"6·18"，推出不同价格组合的产品吸引消费者。

如表 12-1 中京东"6·18"购物节促销定价示例所示，在这个属于京东精心为客户打造的狂欢节中，折扣、立减、专场、轰趴、返券、秒杀、一口价等价格组合方式花样百出。促销定价推动客户快速作出购买决策，起到增加产品消费的积极作用。[②] 2019年 6 月 1 日 0 点到 6 月 18 日 24 点，京东在"6·18"购物节中创下了累积下单金额 2 015 亿元的纪录。"6·18"购物节紧紧抓住了消费者的眼球也捕获了他们的心。

---

① 赫尔曼·西蒙. 定价制胜：大师的定价经验与实践之路. 北京：机械工业出版社，2017：31.

② Liao S L, Shen Y C, Chu C H. The Effects of Sales Promotion Strategy, Product Appeal and Consumer Traits on Reminder Impulse Buying Behaviour. International Journal of Consumer Studies，2009, 33(3):274–284.

表 12 - 1　京东"6·18"购物节促销定价示例

- 2013 年 6 月 18 日

专场	促销内容
图书音像专场	全场 1 折闪购，音像全场满 200 元立减 50 元，满 300 元立减 100 元。
电脑数码专场	单反相机 1 999 元秒杀，21.5 英寸显示器 399 元秒杀。
手机专场	全场最高直降千元，4.3 寸双卡双待手机 399 元起，手机配件低至 1 折。
家电专场	1 匹空调 1 499 元，落地扇 99 元疯抢，46 英寸大牌 LED 2 999 元疯抢。
全民百货专场	首次购买即送价值 1 800 元全年消费券，食品酒饮满 399 返 100 元京券，个护 1 元秒杀，美容护肤最高满 200 元减 100 元。
服装百货专场	服装低至 1 折，酒饮特卖低至 3 折。

- 2014 年 6 月

促销种类	促销内容
秒杀	电脑手机移动电源 1 元秒杀；美妆爆品限量 1 元秒杀；联想超级本 1 999 元秒杀；食品保健限量爆品 1 元秒杀；大家电 1 折秒杀。
满减	日用百货、母婴用品最高满 200 元减 100 元；百大品牌跨品牌满 199 元减 80 元；图书音像满 200 元减 100 元。
折扣	鞋包新品低至 1 折。

- 2015 年 5 月 25 日至 6 月 20 日

促销形式	促销内容
京东大轰趴	"6·18"玩购趴、图书宝贝趴、智能科技趴、温馨家庭趴、时尚格调趴、理财生活趴、潮流电子趴。

- 2016 年 6 月 1—20 日

日期	促销内容
6 月 1—6 日	京东 3C "低价购潮流" 专场开启 "品质升级购"，爆品 61.8 元秒抢。
6 月 7—9 日	"低价购省心" 家电专场高调接棒，大家电低至 5 折，每日千台小家电 61.8 元疯狂抢。
6 月 10—13 日	消费品专场 "低价购精品" 掀起 "6·18" 大促新高潮，"囤" 2 免 1 让实惠到底。
6 月 14—17 日	"低价购时尚" 服饰家居专场，明星设计爆款独家上线。家居生活类商品不止 5 折，鞋履箱包满 199 元减 50 元，还有奢侈品大牌 61.8 元限量秒杀。
6 月 18—20 日	服饰家居还有万店齐发 3 免 1 等特色活动。

- 2017 年

日期	促销内容
5 月 25—27 日	拼手速赢红包率先登场。
6 月 2—4 日	上亿现金券一起瓜分；在购物过程中搜索品牌、品类关键字即可得到相关品类或品牌红包。
6 月 9 日	超级秒杀日。
6 月 2—16 日	"王牌中的王牌" 在京东直播中为大家送出礼品。
6 月 14 日	京东 "6·18" 推出神券日，当天发券数量达 4 亿张。
6 月 18 日	当天京东每小时狂撒 61.8 万元现金红包，还发放全品类优惠券、大牌专享大额福利券、京东支付满减优惠券等。

- 2018 年

日期	促销内容
5 月 23—31 日	超值预购活动，提前进入 "6·18" 大促预热。
6 月 1—6 日	京东 3C 专场，包括电脑、单反相机、手机等数码产品。
6 月 7—9 日	家电专场，大家电最低 5 折。
6 月 10—13 日	京东超市专场，适合以家庭为单位购物。
6 月 14—17 日	家居服饰促销。
6 月 18—20 日	老刘专场压轴，之前 17 天促销期间的爆款在这 3 天返场促销。

● 2019 年

日期	促销内容
5 月 24—31 日	"6·18"预热期。每天一个主题日，在拼购日、品质日、换新日、全球购、美妆日、同乐日、母婴日、图书日开展疯狂 66 小时、现金挖掘等活动。
6 月 1—15 日	"6·18"专场期。开展每天一个主打专场。例如：京东"6·18"火箭蓄力计划，火箭少女 101 成为京东"6·18"的第一位代言人。用户可以解锁独家视频内容，在不设门槛的情况下获取数百万个红色信封。
6 月 17—18 日	"6·18"高潮期。这两天是京东上半年活动最集中和最优惠的时间，各种商品直接降价，有大幅价格优惠。
6 月 19—20 日	"6·18"返场期。促销期间的好物返场继续以优惠价格销售。

❸ 举足轻重：自建物流体系

成本控制是完美定价的基础。对于电子商务企业来说，其物流成本占总成本的比重较大且明显高于传统企业，物流成本是电子商务企业决定其定价的关键因素，因此，降低物流总成本是提高电子商务企业价格竞争优势的有效途径。

3.1 打铁还需自身硬

互联网行业必须遵守经济规律，降低交易成本，提升交易效率，否则注定失败。[①] 为了最大限度实现成本可控，京东大胆创

---

① 刘强东. 京东为什么能成功?. 中国经济信息. 2015(19)：66-67.

新，通过自建物流体系在全国几大城市建立区域仓，根据购买数据、购买规模的大小，完成库存及时补货，再将货物从区域仓送到消费者家里，实现点到点配送。

2007年，京东自建物流的庞大工程启动。建成北京、上海、广州三大物流体系，总物流面积超过5 000万平方米。

2008年，在获得2 100万美元融资后，京东将70%用于物流配送环节的改善。

2009年京东商城宣布建立自己的快递公司，投资2 000万元在上海成立首个快递公司，并积极筹备在全国范围内建立配送网络。

2010年，京东再一次对京东商城的服务系统进行跨越式的升级。首先，京东商城在北京等城市率先推出211限时达配送服务。然后，在全国实现"售后100分"服务承诺。除此之外，推出全国上门取件、先行赔付、7×24小时客服电话和其他专业服务。依托自建物流，依靠自身的配送队伍，京东在成本控制的基础上优化物流配送，提高了客户服务满意度。

2016年11月，京东物流品牌出炉。将"京东物流"作为品牌，向社会开放三大服务体系：仓配一体化供应链服务、快递和物流云。同年12月，提出了以"3S"——短链（short-chain）、智慧（smartness）、共生（symbiosis）为特征的无界物流发展方向，为京东物流的全面开放做准备。

2018年8月，时任CFO黄宣德透露，经过十余年的物流建设，京东已经建成超过250万平方米的物流仓储基地，在全国范围内运营的仓储总面积达 1 200 万平方米，拥有的物流资产价值数十亿元人民币。①

2019 年 10 月 29 日，时任京东物流集团 CEO 王振辉在全球智能物流峰会上表示，基于对物流、技术和产业互联网发展的判断和共识，京东物流将携手合作伙伴共建供应链产业平台，推动供应链产业和数字化改造与技术赋能。

3.2　为有源头活水来

自建物流使京东获得定价的成本优势，确保京东定价的主动权。然而，这条自建物流的道路并非坦途。

2007 年，自建物流的策略一提出就备受质疑。"我反对京东自建物流体系，京东是互联网公司，怎么能把钱投入到重资产的物流业务上？"公司的高管直接提出质疑。②

顶着巨大的压力，京东一路坚持，而这份坚持，正是源于刘强东多年来对行业深刻理解所带来的信心。互联网并不是和传统行业无关，传统商业的价值和经济规律完全适用于互联网，能够活下来的互联网企业都能给行业带来成本的下降和效率的提升。

京东自建物流，正是从中国社会化物流成本过高中看到了一个机会。2014 年，国家公布的社会化物流成本占 GDP 总值 17.8%。这个数字在欧盟是 7% ～ 8%，日本是 5% ～ 6%，中国比

---

① 京东已建成超 250 万平方米的物流仓储基地. (2018-08-17). http://www.ebrun.com/ebrungo/zb/292607.shtml.

② 从 500 元到 4 000 亿 京东的信仰从来没变. (2018-03-14). https://baijiahao.baidu.com/s?id=1594904007721391463&wfr=spider&for=pc.

欧美高出 10 个百分点。^①

物流体系的总成本大部分是由流水线所需要的机器成本、职工的薪酬成本组成的固定成本，最终，这些成本都会分摊到商品上。京东在自建物流过程中充分考虑到以下几个因素：首先，投入建设高效率的现代自动化的物流体系，极少存在员工相互干扰的现象；其次，随着运输的商品规模扩大，每个商品分摊的成本减少，企业实现规模经济效益，商品价格降低；最后，物流体系里的工人随着时间的推移对物流体系日益熟悉，不断积累生产经验，优化工作安排。

通过自建物流，京东将综合费用率降到 12% 左右，而国美和苏宁的综合费用率高达 18.7%。同时，库存周转率得到极大的降低，京东的库存周转天数只有 30 多天（京东 2015 年第二季度财报显示库存周转为 35 天），这表明，京东的货物在库房中停留的时间极大地缩短，因此，物流成本中很重要的一部分——库存成本大大降低，京东内部的运营效率跟传统的零售行业相比提高了一倍。

京东集团业绩的核心数据表明，京东 2019 年毛利为 844.2 亿元，毛利率为 14.6%，在过去 3 年保持稳步提升，充分体现京东在成本控制及供应链方面作出的持续努力（见图 12 - 2）。

事实证明，自建物流没有将京东拖垮，反而成为京东颇具竞争力的优势之一。首先，相对于其他电子商务企业，京东的成本差异优势带来定价优势。同时，日益完善的自营物流体系为顾客带来及

---

① 刘强东. 京东为什么要自建物流？.（2015–09–22）. http://www.sohu.com/a/32870106_107989.

时、高质量的服务保障，也为京东赢得更多忠实的"京粉"。毕竟，谁能够抵挡京东 211 限时达当日送达带来的惊喜？谁又能不为即使在春节、"双 11"等特殊时期京东自营配送有保障而心动？

图 12 - 2　京东毛利率趋势图

2020 年，回首自建物流的 13 个年头，京东物流经历了诞生、独立、开放、转变的过程，实现了从一个物流部门逐渐发展成一个物流企业。当前，伴随人工智能、5G、大数据等技术的应用，京东物流构建的供应链业务与数据平台，推动了产业供应链技术标准的建立及效率提升，实现了产业供应链平台的升级。其发展不仅深入影响物流的每一个环节，还反向指导上游的生产制造商在提升效率的同时不断降低成本。

❹ 秉要执本：顾客即上帝

如何在保证服务质量的前提下，用完美定价牢牢吸引客户，京东可谓是下足了功夫。随着中国电子商务企业从野蛮竞争逐渐向内涵式发展转型，关于价格的控制，京东商城副总裁吴京说："低价已不是我们的核心。"

2017年京东年会上传递出信息："在以人工智能为代表的第四次零售革命来临之际，京东集团将坚定地朝着技术转型，在未来12年打造一个全球领先的智能商业体。"京东开始迈向以客户为中心，由领先技术支撑的、智慧供应链基础上的智能定价。

产品价格是否合适，最终由顾客决定。定价决策就像其他营销组合要素决策一样，必须以顾客价值为基础。当顾客购买产品时，他们交换有价值的东西（价格）以获得另一种有价值的东西（拥有或使用产品的利益）。有效的顾客导向定价包括理解顾客、感知价值，并设定获得这一价值的价格。

京东以消费者洞察作为原点，借助大数据和人工智能技术的应用，对用户需求和价值感知进行分析和挖掘，在此基础上推出了"京品推荐""校园专区""智慧定价"等价格优化的尚方宝剑。一系列定价组合拳帮助京东在获得可观利润的同时牢牢锁住了顾客的心。

4.1 识变从宜：智慧定价

2017年，京东迎来了尤妮佳公司新品皇家系列 Natural moony 重磅登陆。1月3日，Natural moony 产品活动在京东母婴大牌说 moony 专场一经上线便成功吸引了大家的关注。随着购买数量的增多，京东通过大数据分析发现，用户并不满意目前纸尿裤的每包容量（44片或90片），于是京东联合 Natural moony 根据特定人群需求灵活调整每包容量，定制了 68 片包装的京东专供款纸尿裤，满足消费者需求的同时降低库存和物流成本，仅在 6 月 1—14 日，定制款比其他款销量增长 420%。

通过大数据分析，根据用户需求进行商品调整，在这个过程中，京东既是参与者，也是品牌商的赋能者。品牌商在接收这些数据和信息后，对产品进行定向调整，为消费者在购物过程中提供更加多样化的选择。这种基于客户行为大数据的分析，同样使得极米（智能投影仪厂商）在京东的销量大幅提升。京东从大量投影仪的用户行为、商品点评中洞察用户需求，发现在微型投影仪的使用中，自动对焦是个被高度期待的功能，这个信息反馈给极米后，企业及时调整策略推出新品，最终占据了智能投影仪市场超过 50% 的份额。

对于商家而言，定价并不是越高越好，也不是越低越有竞争优势。一个完美定价需要考虑的因素众多，其中包括：自身价格、替代品、库存、促销、生命周期、特殊促销日，季节性价格、友商价格等。完美定价是在十几个甚至几十个数据维度基础上仔细考量的优化结果。人工智能和大数据分析技术为完美价格的确定提供了有力支撑。在给定的约束和目标下，定价算法迭代获得最优解，能够为商家制定优化定价方案提供支持。

时任京东 CTO 张晨表示，集团内部有很多人工智能和大数据分析算法专家，他们把定价问题进行抽象和建模，通过相应的算法设计获得更合理的价格，让消费者买到高性价比的商品。这个过程不是一成不变的，而是依据大数据和算法对商品进行"智能化"的动态定价。

2017 年 3 月 2 日，主题为"科技零售，智胜未来"的京东 Y 事业部战略发布会提出，构建"智能商业—供应链"，建立"基于收益管理思想，构建量价关系模型，提升毛利竞争能力"的好价格策略。发布会还指出了动态智慧定价系统的应用与不断完善、技术创新驱动业务发展的趋势。

2019 年 11 月 19 日，在京东全球科技探索者大会上，时任京东零售集团 CEO 徐雷在演讲中表示，京东零售率先推出了价格健康度管理机制和技术模型，是首家采用大数据和 AI 技术管控价格的平台。这套系统能够实时监控商品的京东站内价格，对虚高、变价频繁的价格进行实时拦截。同时，以最快 30 分钟一次的频率抓取竞品实时到手价，并与京东站内价进行对比，确保用户成交价格的竞争力。价格智能监测管理平台系统每天监控所有自营商品，实时处理 1 000 多万条价格数据，确保能够给消费者最实、最稳、最具竞争力的价格。这一系统还帮助京东零售实现更加精细、灵活的价格管理，根据促销次数、时长等因素对价格健康度进行管理。

4.2　因人制宜：潮校园

如果说过去我们只能看到产品是否满足客户需求的结果，现在我们能否挖掘客户的潜在需求并帮助他们表达出来？在客户交易历史大数据的基础上，挖掘客户的购物习惯，表达客户需求，在更加细分的市场上，向客户传递有价值的信息，提供个性化的产品和服务，给出最优价格组合策略。

京东将这一想法应用到体量庞大的年轻人——大学生群体身上。这些年轻人对新事物充满好奇，他们逐渐成长为新一代的经济参与者，无疑会成为电子商务市场中一支强有力的生力军。

基于大学生群体的特点，大数据挖掘和机器学习被应用于商品的选择、商品的定价。基于全国550余所高校京东派校园店的采购数据进行分析，京东勾勒出校园网购人群画像，展示出当代大学生的消费水平、消费理念、不同品类产品消费的地域及院校差异。京东为大学生设立了专属购物天堂：京东校园专区（见图 12-3）。多种围绕校园生活之所需的专门频道推出，开学必备、校园换新、运动会场……品类丰富，价格不贵，件件动心，凸显京东给予学生用户的特殊利益点及权益。校园专区为京东成功地俘获了一大批忠实的大学生粉丝用户，这批年轻的生力军为京东的年收益发挥着举足轻重的作用。

图 12-3　京东校园专区

"校园专区""智慧定价"均体现了京东基于顾客的价值感知来

定价的战略。京东首先评价顾客的需求和价值感知，然后设定与顾客价值感知相匹配的价格，确定相关的成本，最后设计出产品，满足顾客所需要的价值。

❺ 推陈出新：新产品透视定价智慧

2018 年 4 月 12 日，刘强东在中国"互联网 + 数字经济"峰会上发表主题演讲，他谈到"京东不是一个电商公司，而是一个用技术来打造供应链服务的公司"。他身后的京东已经华丽蜕变为一个由电商、物流、技术和金融四大业务布局支撑起来的庞大的商业集团。

2018 年 5 月，京东 Alpha 人工智能服务平台与英特尔展开深度合作，通过智能家居领域的 AI 技术研发、芯片设计共同开发智能硬件产品的新一代人机交互技术，共同探索智能硬件、智能家居新的发展方向。京东向人们徐徐展开了"科技引领京东多场景智能商业消费"的新篇章。

伴随创新型 AI 智能商品的推出，接踵而来的是制定价格的策略。综合考虑当前利润最大化、市场份额最大化、市场获利最大化，同时坚守质量领导地位成为京东选择的定价目标。

5.1 添丁进口：京东商城迎来新家人

2018 年 5 月初，京东与英特尔联合打造的全球第一款中文大屏幕智能音箱设备在京东商城上线并开始接受预订。叮咚 PLAY 的视觉认知能力包括图像识别、人脸识别、ARVR 交互体验，对语音、图像、触摸等多种交互形态进行融合。围绕京东叮咚 PLAY 上市，京东打造了一场声"视"浩大的"质感营销"，通过深挖用户场景，把产品的功能提升到符合人群对产品功能的需求的场景中，使用户对这种全新的智能生活方式抱以期待。

2018 年 5 月 11 日，在预订结束前 2 个小时，已有 2 万多用户预订（见图 12 - 4（a））。等到开盘的那一时刻，叮咚 PLAY 以 1 899 元的价格华丽登场。虽然这是一款迄今为止价格最昂贵的叮咚族成员，但仅仅 10 分钟就被抢购一空（见图 12 - 4（b））。

（a）预订状态　　　　　　　（b）开盘抢购

图 12 - 4　叮咚 PLAY

5.2　惊人之举：会说话能识人的智能音箱

大名鼎鼎的叮咚家族是京东与国内科大讯飞联手推出的会说

话的智能音箱系列。科大讯飞作为语音识别的龙头企业，掌握着以语音交互技术为核心的多项国家专利。2015 年 3 月，京东与科大讯飞签署《投资合作协议》，双方将致力于智能家居硬件产品、语音解决方案及智能硬件平台服务的研发和推广，并打造可连接智能应用链的热点产品。

对未来美好的家庭生活，我们曾畅想着"动动嘴"就可以和周围的环境进行交互。叮咚正在逐步将这个愿景变成现实。它拥有强大的自然语言交互系统，用户只要说"叮咚叮咚"，便可直接唤醒音箱进行语音交互，叮咚是国内率先实现真正"零触控"的智能音箱产品。

"叮咚、叮咚，帮我打开电视换到喜欢的频道"，这样的语音指令，叮咚能够读懂并执行相应的任务。京东还打通了小米、美的等智能家居生态，通过叮咚实现语音控制家里所有智能设备。叮咚联合国内优秀的内容服务商提供海量的资源，让全家人享受一站式服务，这些资源均可通过语音指令轻松播放和操控。内置的语音购物功能同时接入京东商城，实现一站式下单后极速送达。

语言是人类最自然、最易接受的交流方式，京东抓住了用户对听觉和语言的需求，让上到老人、下到孩子都能轻松接入智能生活圈。这也正是叮咚受到消费者热捧的原因之一。

2018 年 5 月上市的叮咚 PLAY 是中文智能音箱领域首款配备超大屏幕的智能音箱。它采用了独特的 L 整体造型，外观更具科技感。由于英特尔芯片的加持，它的功能得以扩展，性能得以提升，无论是硬件音质还是内容软实力都非常出众，诸多黑科技让功能更具可玩性。随着国内智能音箱竞争愈来愈激烈，更酷的功能、更好的体验无疑是唤醒用户需求的亮点。[①]

叮咚 PLAY 最值得消费者期待的是人脸识别基础上的声纹面容的实现，叮咚不仅听得懂，更能看得见。通过人脸识别功能，在识别客户年龄、性别的基础上，叮咚 PLAY 可通过自定义用户身份设置添加多个用户的信息，使得"面对"不同的使用者时，叮咚 PLAY 结合用户个人特征提供不同的反馈信息。此外，机器学习算法的融入能够让具有人脸识别功能的叮咚越来越"懂"你。

此次上线的产品，除了高大上的叮咚 PLAY，还有叮咚 mini2 音箱。这是一款 2017 年叮咚发布的 TOP 的升级版，圆柱造型的机身设计搭配纯白配色的烤漆工艺，整机保持简约小巧的风格。机身顶部触摸板上的 6 个麦克风呈环形分布，有更大的覆盖面，能够收到来自四面八方的语音指令，达到精准唤醒的效果。另外，在开启音箱时，LED 灯带会从外到内迅速形成环状，当音量升降时会呈现逐级环绕状态，颇具创意与美感。

针对叮咚 PLAY 和叮咚 mini2，京东采取不同的定价方法，制定有差别的价格，形成了层次化的定价结构，满足不同客户群的多样化需求。叮咚 PLAY 作为一款集成最先进技术的新产品，向顾客传递的价值效用相比其他智能音箱更高。因此，在定价时，京东参考了竞争对手智能音箱的价格，但不低于这个价格。叮咚 mini2 作为智能音箱的入门级产品，不具备较高的附加价值，其定

---

① 不止智能京东叮咚 PLAY 给你更多黑科技.（2018-05-04）. https://www. smartcn.cn/135485.html.

价比其他功能丰富的智能音箱低。对于叮咚 PLAY，京东采取了市场撇脂定价法，即在最初产品投入市场时制定较高的价格，从市场上获取更多的利润。虽然叮咚 PLAY 的价格高于其他智能音箱，但是新产品的功能带来了无限的想象空间，该产品仍然吸引了大量顾客。对于叮咚 mini2，京东则采取了市场渗透定价法，即制定较低的价格，使产品广泛地渗透到市场中，扩大消费者的体量。

经过多年的发展，京东已经从低价竞争逐渐转向深耕细作的内涵式发展。经过多年前瞻性的布局，形成如图 12-5 所示的智慧供应链战略。

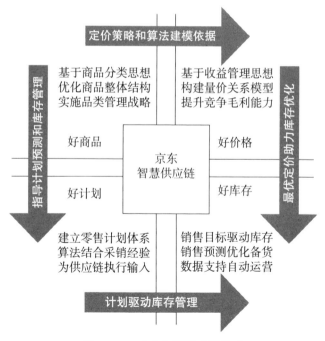

图 12-5 京东智慧供应链战略

在智慧供应链战略中，京东基于商品分类思想，优化商品整体结构，实施品类管理战略，为客户提供好商品；通过建立零售计划体系及与算法结合的采销经验，保证好计划；数据支持自动运营，为好库存提供保障；基于收益管理思想构建量价关系模型，获得了定价优势，为企业制定好价格谋求更大的空间。

在品质发展的道路上，京东步伐坚定，不会停滞不前，它会根据自己的目标，灵活运用价格这一有效工具，利用科技引领创新，推出创新型产品，满足消费者日益增长的需求。京东就如同一个垂钓者，身经百战，面对风浪，"定"坐钓鱼台。

图书在版编目（CIP）数据

强京东：管理模式的进化 / 李纯青，张文明编著
. -- 北京：中国人民大学出版社，2022.1
ISBN 978-7-300-29620-3

Ⅰ.①强… Ⅱ.①李… ②张… Ⅲ.①电子商务 - 商
业企业管理 - 经验 - 中国 Ⅳ.① F724.6

中国版本图书馆 CIP 数据核字（2021）第 139204 号

强京东：管理模式的进化
李纯青　张文明　编著
Qiang Jingdong: Guanli Moshi de Jinhua

出版发行		中国人民大学出版社			
社	址	北京中关村大街 31 号	邮政编码		100080
电	话	010-62511242（总编室）	010-62511770（质管部）		
		010-82501766（邮购部）	010-62514148（门市部）		
		010-62515195（发行公司）	010-62515275（盗版举报）		
网	址	http://www.crup.com.cn			
经	销	新华书店			
印	刷	北京联兴盛业印刷股份有限公司			
规	格	148 mm×210 mm　32 开本	版	次	2022 年 1 月第 1 版
印	张	9.125 插页 2	印	次	2022 年 1 月第 1 次印刷
字	数	180 000	定	价	69.00 元